Seja Assertivo!

Vera Martins

Seja Assertivo!

Como conseguir mais autoconfiança e firmeza na sua vida profissional e pessoal

Ilustrações
Fausto Bandeira

ALTA BOOKS
EDITORA
Rio de Janeiro, 2017

Seja Assertivo! — Como conseguir mais autoconfiança e firmeza na sua vida profissional e pessoal

Copyright © 2017 da Starlin Alta Editora e Consultoria Eireli. ISBN: 978-85-508-0074-5

Todos os direitos estão reservados e protegidos por Lei. Nenhuma parte deste livro, sem autorização prévia por escrito da editora, poderá ser reproduzida ou transmitida. A violação dos Direitos Autorais é crime estabelecido na Lei nº 9.610/98 e com punição de acordo com o artigo 184 do Código Penal.

A editora não se responsabiliza pelo conteúdo da obra, formulada exclusivamente pelo(s) autor(es).

Marcas Registradas: Todos os termos mencionados e reconhecidos como Marca Registrada e/ou Comercial são de responsabilidade de seus proprietários. A editora informa não estar associada a nenhum produto e/ou fornecedor apresentado no livro.

Impresso no Brasil — Edição revisada conforme o Acordo Ortográfico da Língua Portuguesa de 2009.

Obra disponível para venda corporativa e/ou personalizada. Para mais informações, fale com projetos@altabooks.com.br

Copidesque
Shirley Lima da Silva Braz

Ilustrações
Fausto Bandeira

Editoração Eletrônica
DTPhoenix Editorial

Revisão Gráfica
Mariflor Brenlla Rial Rocha | Edna Rocha

Projeto Gráfico
Elsevier Editora Ltda.

Erratas e arquivos de apoio: No site da editora relatamos, com a devida correção, qualquer erro encontrado em nossos livros, bem como disponibilizamos arquivos de apoio se aplicáveis à obra em questão.

Acesse o site www.altabooks.com.br e procure pelo título do livro desejado para ter acesso às erratas, aos arquivos de apoio e/ou a outros conteúdos aplicáveis à obra.

Suporte Técnico: A obra é comercializada na forma em que está, sem direito a suporte técnico ou orientação pessoal/exclusiva ao leitor.

CIP-Brasil. Catalogação na fonte.
Sindicato Nacional dos Editores de Livros, RJ

R372s   **Martins, Vera**
Seja assertivo! — como ser direto, objetivo e fazer o que tem de ser feito: como construir relacionamentos saudáveis usando a assertividade / Vera Martins. — Rio de Janeiro: Alta Books, 2017.

ISBN 978-85-508-0074-5

1. Assertividade (Psicologia). 2. Treinamento assertivo.
3. Comportamento — Modificação. I. Título.

04-3036

CDD 158.1
CDU 159.947.3

Rua Viúva Cláudio, 291 — Bairro Industrial do Jacaré
CEP: 20970-031 — Rio de Janeiro - RJ
Tels.: (21) 3278-8069 / 3278-8419
www.altabooks.com.br — altabooks@altabooks.com.br
www.facebook.com/altabooks

AGRADECIMENTOS

Ao meu marido e companheiro, Gaspar, pela paciência de acompanhar-me, por horas, dias e meses a fio, dando-me apoio emocional e ajudando-me nas pesquisas que venho desenvolvendo sobre a comunicação assertiva.

Aos meus filhos, André e Marcelo, que todo o tempo me estimularam e acreditaram no meu trabalho.

À minha eterna orientadora, Professora Dra. Liana Gottlieb, pela competência com que influenciou os caminhos percorridos por mim, nesses últimos quatro anos.

À minha amiga Regina Torres, psicóloga e consultora organizacional, que pacientemente leu e releu cada parágrafo, fez críticas construtivas e, com sua meiguice, ajudou a tornar possível esta obra.

À minha querida coordenadora editorial, Cristina Yamagami que, de forma assertiva, conseguiu equilibrar os papéis de gestora do projeto e de amiga, acompanhando cada etapa do seu desenvolvimento, com firmeza, sem perder a sensibilidade, superando as expectativas de um escritor.

A todos os meus amigos que me ouviram com interesse sincero quando eu dizia da minha vontade de escrever este livro.

Um agradecimento especial aos meus clientes, verdadeiros parceiros e também amigos, que contribuíram para o enriquecimento deste trabalho, pois, boa parte das experiências relatadas é fruto dos vínculos emocionais e profissionais, entre nós estabelecidos.

E agradeço também à equipe da Campus/Elsevier que acreditou na viabilidade deste livro.

PREFÁCIO

Quando Vera Martins me contou que havia sido convidada pela Editora Campus para escrever um livro baseado em sua dissertação de mestrado, "A Influência da Assertividade na Comunicação Empresarial", que tive o prazer de orientar, fiquei feliz e realizada, mas meu prazer foi maior ainda quando ela me convidou a fazer o prefácio. É mais uma tese que sai das prateleiras.

Minha relação com Vera começou quando ela foi minha aluna, na disciplina Comunicação Interna nas Organizações, no Curso de Mestrado em Comunicação e Mercado, da Faculdade Cásper Líbero.

Aceitei orientá-la por três motivos: a certeza de que a orientação culminaria num trabalho excelente, pois já conhecia sua seriedade e seu empenho; a temática — Assertividade —, com a qual venho trabalhando há anos, e a coerência entre seu discurso e sua ação.

Faço um contraponto ao ditado "Diga-me quem são seus referenciais teóricos e eu lhe direi quem é você como pesquisador". Vera é uma humanista com preocupações sociais, e está bem acompanhada: Aristóteles, Bruner, Buber, Bryan Key, Maingueneau, Reich, Rogers, Viscott, Weil, entre outros.

Este livro tem uma proposta de doação e de amor ao próximo, explicitada em seu objetivo: "Dar ao leitor informações que o ajudem a analisar o conteúdo de sua própria bagagem, permitindo-lhe retirar a carga desnecessária e valorizar o que realmente contribui para a qualidade de sua vida."

Com tudo que Vera nos ensina, podemos expandir o conceito de Assertividade para a Comunicação Emocional Não Violenta, que promove a cultura da paz.

Extremamente pertinentes as ligações que ela estabelece entre a assertividade e a arte da escuta ativa.

Aristóteles sistematizou o esquema de comunicação interpessoal que os gregos usavam. Para estes, o objetivo da comunicação era sempre persuadir o receptor, convencendo-o a aceitar a ideia/mensagem comunicada. Ora, somos vendedores/emissores de ideias e mensagens o tempo todo, e/ou compradores/receptores. As observações e inferências que ela faz, baseadas nos conhecimentos construídos em sua pesquisa, transformam os dois casos relatados em exemplos para qualquer situação.

Desencontros, conflitos e dissabores poderão ser evitados lendo este livro e aplicando seus ensinamentos no dia a dia.

LIANA GOTTLIEB

SUMÁRIO

Introdução: A beleza do ser humano *1*

1. Assertividade: Mais do que um comportamento, uma filosofia de vida *7*

2. Credibilidade: Afirmar o seu eu é uma questão de sobrevivência *27*

3. Por que você não é assertivo: Os vilões da assertividade *41*

4. Os caminhos do conflito: Agressão e submissão *57*

5. Revendo sua autoestima: Olhe-se no espelho! O que vê? *83*

6. A corrosão da percepção: Não basta ser, tem que parecer *101*

7. Revendo sua competência comunicativa: Expressando suas ideias, seus sentimentos e suas necessidades *123*

8. Revendo sua competência comunicativa: Ativando seus sentidos e ouvidos *155*

9. Assertividade e habilidade de negociação *173*

10. Pronto para praticar técnicas assertivas *203*

11. Passando a limpo seus relacionamentos *213*

Bibliografia *225*

INTRODUÇÃO

A Beleza do Ser Humano

Cada pessoa é única e exclusiva e, ao se conscientizar do seu valor e de sua capacidade de realizações, uma energia positiva invade seu corpo, sua mente e seu espírito.

É! A beleza do ser humano está no corpo bem cuidado e na mente arejada, mas o mais belo do homem repousa no dom de perdoar a si mesmo e aos outros.

Estou me referindo àquele sentimento de perfeccionismo que não nos deixa ser felizes, àquele detalhe do nosso eu que nos incomoda, que nos estimula a fazer somente críticas e nunca elogios, e, quando é denunciado, sentimo-nos inadequados, além daquela dor incômoda que atinge a alma.

O perdão é o bilhete de ingresso para a assertividade. Perdoar é ser assertivo. Ser assertivo é uma conquista do eu ao se firmar, primeiramente, perante si mesmo. O equilíbrio do EU será autossustentável se a mente estiver limpa de máscaras e disfarces de culpas da não perfeição.

A assertividade se sustenta no seu perdão. Perdoar é enxergar, sem miopia, o som e o colorido da vida que vibra dentro de seu corpo e de sua mente, compreendendo e aceitando que alguns pontos, que parecem desafinados e descoloridos, fazem de você um ser diferente e singular.

Ser assertivo é olhar para dentro de si e perdoar-se por não ser perfeito.

Perdoar é mirar aquelas coisinhas que não gostamos em nós e, sem sentimento de culpa, aceitar com admiração a natureza humana com suas emoções de raiva, ciúme, inveja, chateação, ansiedade etc. É olhar para a vida e não ter medo do amor. É desafiar a dualidade humana, vivendo o amor e encarando a dor.

Muitos passam pela vida buscando a felicidade na perfeição e não percebem que a chave do segredo se encontra na compreensão das incongruências e do ilógico. A riqueza das relações humanas habita nas diferenças individuais, e é na diversidade humana que o diálogo encontra espaço e duas pessoas se sentem atraídas mutuamente.

O **confronto** de pensamentos, sentimentos e desejos é inevitável para usufruir o gosto do **encontro.** É como se nossa mente, entediada e imersa na solidão dos próprios pensamentos, buscasse a presença dos pensamentos do outro, por meio do diálogo. Isso é compartilhar nossas semelhanças e diferenças, de tal forma que, na separação, os dois lados já não estão mais a sós e, mesmo distantes, cada um é um, mas os dois têm um pedaço do outro, e o resultado é a ampliação dos conhecimentos e experiências de vida.

O tipo de perdão do qual estamos falando se chama tolerância e aceitação da imperfeição humana. Esse perdão ajuda você a conviver com a diversidade humana, atenuando aquela rigidez de pensamento que busca adequar as pessoas aos seus padrões "normais" de comportamento.

O perdão permite o diálogo com assertividade, e os dois lados afirmam suas posições sem anular um ao outro.

A beleza humana está em promover o encontro a partir do confronto baseado no princípio da cooperação, e não no princípio do conflito.

Conviver com a imperfeição humana facilita as escolhas positivas e conscientes e permite uma comunicação humana com menos preconceitos e julgamentos irracionais. A beleza humana está na busca da perfeição de braços dados com a imperfeição.

Vire e revire a bagagem que você leva na viagem pela vida e resgate a beleza do ser humano que habita dentro de você.

Quero iniciar meu livro compartilhando com você, leitor, uma fábula que um dia recebi de um amigo que, por me conhecer suficientemente bem, percebeu minha bagagem um pouco pesada.

A MALA DE VIAGEM

Conta-se que um homem caminhava vacilante pela estrada, levando uma pedra numa das mãos e um tijolo na outra. Nas costas, carregava um saco de terra; em volta do peito, trazia vinhas penduradas. Sobre a cabeça, equilibrava uma abóbora pesada.

Pelo caminho, encontrou um transeunte que lhe perguntou: "Cansado viajante, por que carrega essa pedra tão grande?"

"É estranho", respondeu o viajante, "mas eu nunca tinha realmente notado que a carregava". Então, ele jogou a pedra fora e se sentiu muito melhor.

Em seguida, veio outro transeunte que lhe perguntou: "Diga-me, cansado viajante, por que carrega essa abóbora tão pesada?"

"Estou contente que me tenha feito essa pergunta", disse o viajante, "porque eu não tinha percebido o que estava fazendo comigo mesmo". Então, ele jogou a abóbora fora e continuou seu caminho com passos muito mais leves.

Um por um, os transeuntes foram avisando-o a respeito de suas cargas desnecessárias. E ele foi abandonando uma a uma. Por fim, tornou-se um homem livre e caminhou como tal.

(extraída do livro *Psycho-Pictography*, de Vernon Howard)

Qual era, na verdade, o problema dele? A pedra e a abóbora? Certamente, não... Então, o que seria?

A falta de consciência da existência delas. Uma vez que as sentiu como cargas desnecessárias, livrou-se delas bem depressa e já não ficava mais tão cansado.

Sem dúvida, podemos afirmar que essa é uma das grandes dificuldades de muitas pessoas. Elas carregam cargas sem perceber e, portanto, não é de se estranhar que fiquem tão cansadas!

Retire a carga desnecessária.
Valorize o que contribui para a qualidade de sua vida.

Vamos refletir sobre alguns exemplos dessas cargas, que tanto pesam para as pessoas e que lhes roubam energia?

— Pensamentos negativos.
— Culpar e acusar outras pessoas.
— Permitir que "impressões tenebrosas" permaneçam em nós.
— Carregar "falsas cargas" de culpa por coisas que não poderiam ser evitadas.
— Autopiedade.
— Acreditar que não existe saída.

Cada um tem seu tipo de carga "específica". Portanto, quanto mais cedo começarmos a descarregá-la, mais cedo nos sentiremos livres para trilhar por caminhos menos tortuosos.

A intenção deste livro é dar a você, que está se propondo a fazer comigo essa viagem, informações que o ajudem a analisar o conteúdo de sua própria bagagem, permitindo-lhe retirar a carga desnecessária e valorizar o que realmente contribui para a qualidade de sua vida.

Você poderá fazer essa análise utilizando o referencial teórico da assertividade aplicado às suas comunicações interpessoais.

No Capítulo 1, serão apresentados o conceito de assertividade como filosofia de vida, interferindo na qualidade de suas relações interpessoais, e as características essenciais de uma pessoa para ter uma comunicação assertiva. Ao final, o leitor poderá responder a um teste e analisar seu comportamento assertivo.

No Capítulo 2, discute-se a importância da assertividade como ingrediente determinante na sobrevivência saudável do homem contemporâneo, num contexto de mercado globalizado que trouxe na bagagem razões suficientes para promover um clima de instabilidade e insegurança. Sendo um cenário irreversível, a solução é a adaptabilidade, porém acompanhada de um espírito assertivo.

No Capítulo 3, analisam-se os impactos sobre a assertividade dos mitos criados e incutidos em nossa mente pelas instituições: familiar, educacional, social e religiosa. Mostra que os "scripts" aprendidos na infância são repetidos na idade adulta como mecanismos de defesa para a sobrevivência afetivo-emocional.

No Capítulo 4, são identificados os caminhos que levam ao conflito negativo entre as pessoas. Esse capítulo também mostra a linguagem do conflito expressa por meio da agressão, submissão e manipulação, posturas adotadas com o único objetivo de defesa.

Nos Capítulos 5, 6, 7 e 8, o leitor poderá fazer uma reflexão sobre sua competência comunicativa, partindo de uma reflexão sobre sua autoestima e os direitos do assertivo, revendo as intenções na escolha das palavras, avaliando o que o corpo fala nas diversas intenções da comunicação, qual é o tamanho do seu território e dar uma checada em sua habilidade de escuta ativa. Trata-se de uma revisão da competência comunicativa à luz da filosofia assertiva de vida, levando-se em consideração vários estudiosos do comportamento humano e da comunicação. Especificamente o Capítulo 6 cuida da corrosão da percepção e do porquê dos mal-entendidos entre as pessoas.

No Capítulo 9, serão apresentados dois casos verídicos, com análise detalhada da comunicação estabelecida entre vendedor e cliente. A análise dos casos é interessante mesmo para pessoas que não trabalham com vendas de um produto, na medida em que permite uma compreensão mais clara dos ingredientes que favorecem e desfavorecem a comunicação, dando pistas para a prática da comunicação assertiva. Usaremos nomes fictícios para a não identificação das pessoas envolvidas.

No Capítulo 10, serão apresentadas técnicas assertivas nas diversas situações dos relacionamentos interpessoais. Serão apresentadas as dicas do comportamento assertivo para lidar com agressivos, submissos, manipuladores e assertivos.

No Capítulo 11, o leitor poderá passar a limpo seus relacionamentos, mapeando os construtivos e os destrutivos, identificando as mudanças necessárias, traçando, enfim, novas propostas para seu estilo de comunicação.

Certamente, a assertividade vai propiciar-lhe um repertório de comportamentos que facilita a escolha de respostas mais adequadas às diversas situações e papéis que você desempenha na vida profissional, familiar, social, como consumidor e, principalmente, como cidadão ou cidadã.

Usufrua da ferramenta "assertividade" e tenha uma melhor qualidade de vida, com menos estresse e mais realizações.

1

ASSERTIVIDADE

Mais do que um comportamento, uma filosofia de vida

Filosofia de vida é mais do que um comportamento, pois engloba valores, atitudes, pensamentos e sentimentos frente à vida.

O comportamento é a forma de expressar essa filosofia de vida.

Assertividade é uma filosofia de relacionamento humano com soluções ganha-ganha.

Muitos confundem o conceito de assertividade e dizem que não querem ser assertivos para não magoar as pessoas; no entanto, a assertividade é o "ingrediente" dos relacionamentos saudáveis.

Neste capítulo, a preocupação é esclarecer o conceito de assertividade, corrigindo eventuais distorções e preconceitos.

É BOM SER ASSERTIVO?

Para saber, só experimentando a firmeza acompanhada da verdade. No cotidiano, frequentemente somos testados em nossa assertividade e, às vezes, não temos consciência disso.

Por exemplo, você é do tipo que tem dificuldade para dizer não? Fica quieto ou concorda com o outro numa situação polêmica, para não arrumar confusão? Tem a sensação de que está "engolindo sapo" com frequência? Ou você é do tipo que "bate e depois pede desculpas", arrependido do que fez? Tem mais facilidade para criticar do que elogiar ao outro e a si mesmo? Ao ganhar um presente, pensa que querem seduzi-lo? Não tem paciência para ouvir? Não desiste até que concordem com você, ou seja, vence pela insistência?

Se respondeu sim a uma ou mais dessas questões, você está precisando fazer alguns acertos em seu comportamento.

Imagine alguém depreciando seu trabalho ou sua opinião perante os outros, sem que você consiga reagir. Que sensação você tem? Impotência, insignificância ou frustração? Evidentemente que, depois de tudo isso, uma forte energia, "a nossa conhecida raiva", toma conta do seu corpo e da sua mente...

Certamente, isso é o resultado da negação dos seus direitos.

A impressão é que invadiram seu território sem sua permissão. A partir daí, prometa a si mesmo que, na próxima vez, não ficará quieto: vai reagir e defender o seu eu.

Da mesma forma, quando você age com agressividade, buscando atender somente os próprios interesses e negando os do outro, a sensação também é incômoda. A princípio, imagina seu território defendido e sua honra vingada, mas, depois, uma ponta de mal-estar vem incomodar sua consciência, recriminando-o e deixando-o com uma desagradável sensação de culpa.

Essas sensações desagradáveis vão desencadeando ansiedade e você, sem saída, racionaliza o evento e justifica seu comportamento ou, então, pede desculpas ao agredido, na tentativa de acalmar sua consciência.

É um desencontro...

COMO SÃO AS RELAÇÕES SOCIAIS COM A ASSERTIVIDADE?

Ao assumir a postura assertiva, você desenvolve relações maduras e produtivas nos ambientes profissional e familiar e também em situações do cotidiano: reuniões sociais, com amigos, na escola dos filhos, nas relações comerciais de compra e venda, na fila do banco e do supermercado, entre outras.

Desenvolver relações MADURAS E PRODUTIVAS...

❑ **Relações maduras significam relações de *interdependência*, e não de dependência e independência.**

O processo de crescimento e maturidade do ser humano inicia com relações dependentes (dos pais, escolas etc.), passa pelas relações independentes (adolescência), até culminar nas relações interdependentes, típicas de pessoas maduras.

A **relação de dependência** implica imaturidade ou incompetência de uma das partes para assumir a responsabilidade por seus atos, necessitando do apoio de outra pessoa para atingir um resultado.

Confira os exemplos:

- Uma criança depende dos pais para sobreviver, pois ainda não tem maturidade e competência para viver sozinha.
- Uma pessoa doente e impossibilitada de caminhar está dependente de alguém que a auxilie.
- Um profissional que aprende com outro, para poder desempenhar melhor sua função.
- Uma mulher que não tem uma profissão e, portanto, precisa do marido para sobreviver financeiramente.
- Uma pessoa que, para se sentir segura, necessita de reforço positivo e contínuo de outros.

A **relação de independência** é uma fase de transição para a maturidade e implica uma posição autossuficiente para atingir um determinado objetivo. É o caso dos jovens adolescentes que querem ser independentes e, por isso, resistem, uns mais e outros menos, a seguir as orientações de seus educadores.

No ambiente organizacional, é comum verificar pessoas e áreas de trabalho que assumem posturas independentes, quando, na verdade, deveriam posicionar-se de forma interdependente. Esse erro de percepção acarreta conflitos nos relacionamentos interpessoais, com a ausência da cooperação e a falta de visão do todo, na maioria das vezes emperrando os processos produtivos e bloqueando os canais de comunicação interna.

Uma **relação de interdependência** é saudável, porque as duas partes têm consciência dos seus papéis e sabem no quê, quando e como afetam positiva ou negativamente a outra parte. Uma pessoa com postura interdependente admite, com naturalidade, quando depende de alguém, assim como assume sua independência, sem nunca perder de vista o todo e as pessoas com quem convive.

Enfim, ser interdependente é assumir com humildade a dependência ou independência e aceitar a mesma coisa no outro, ou seja, um dependendo do outro e influenciando seus objetivos de forma recíproca.

Para ser interdependente, é preciso:

- Humildade para assumir que não sabe.
- Flexibilidade para dosar seu poder de influência.
- Firmeza no posicionamento de suas ideias, sentimentos e desejos.
- Envolvimento e abertura para reconhecer a contribuição do outro.
- Não ser egoísta, pensando somente nas próprias necessidades.
- Não ser rígido na aceitação das ideias do outro.
- Não ser autoritário, impondo suas ideias, necessidades e desejos.
- Não manipular pessoas como meio para atingir objetivos.

Uma comunicação assertiva lhe permitirá ser uma pessoa interdependente.

Temos vários exemplos de relacionamentos que necessitam ser interdependentes para ter sucesso: marido e mulher, chefe e equipe, cliente e fornecedor, áreas de uma empresa que participam do mesmo processo de trabalho etc.

❑ **As relações produtivas levam em consideração os sentimentos e as opiniões das pessoas sem perder o foco no problema, buscando soluções e não culpados.**

Pessoas que agem de forma madura, como dissemos anteriormente, canalizam com mais naturalidade as emoções e sentimentos para resultados positivos e produtivos. Esse equilíbrio equivale a um bom senso no uso da racionalidade para administrar as emoções.

Sobre esse equilíbrio, Aristóteles diz que o papel da razão consiste exatamente em escolher os fins e proporcionar os meios. A virtude é o exercício da razão no homem. Ele não condena as paixões ou os sentimentos, mas não admite seus excessos.

"A violência da paixão somente estimula as condições de caráter idêntico, de sorte que, aumentadas e fortalecidas, chegam a suplantar a razão."

Aristóteles, *Retórica das paixões*, p. XXXVI.

Pessoas imaturas do ponto de vista emocional normalmente se sentem mais confortáveis em relações dependentes e são suscetíveis e vulneráveis ao domínio e controle das emoções. Por isso, frustram-se e se ofendem com mais facilidade. Diante de situações de conflito, reagem para se defender, não assumem responsabilidade e colocam a culpa do problema nas outras pessoas. Também podem manifestar reações passivas, pedindo desculpas até por ações que não são de sua responsabilidade.

O QUE É ASSERTIVIDADE?

O termo assertividade origina-se de asserção. Fazer asserções quer dizer *afirmar*, do latim *afirmare*, tornar firme, consolidar, confirmar e declarar com firmeza.

Quando falamos da comunicação humana, assertividade significa muito mais do que isso: é uma filosofia de vida.

Assertividade como filosofia de vida

Em termos filosóficos, entendemos **assertividade** como uma manifestação da possibilidade dialética da comunicação "eu ganho e você ganha", ou seja, uma comunicação criativa, transparente, por meio da qual as pessoas expressam suas necessidades, seus pensamentos e sentimentos de forma honesta e direta, sem violar os mesmos direitos dos outros.

Quando conseguimos expressar nossos pensamentos, sentimentos e vontades sem agredir o outro, sentimo-nos leves e satisfeitos. Esse bem-estar é o resultado da comunicação assertiva, constituída por pensamentos, sentimentos e ações que afirmam o nosso eu.

Isto significa que nós podemos ocupar o espaço a que temos direito sem invadir o espaço do outro. Podemos atingir nossos objetivos e metas profissionais e pessoais com persistência, porém adotando uma postura ética.

> **A POSTURA ASSERTIVA É UMA VIRTUDE**
>
> "A virtude é uma disposição adquirida voluntária, que, em relação a nós, consiste na medida definida pela razão, conforme a conduta de um homem ponderado."

"A virtude se mantém no justo meio-termo entre dois extremos inadequados, um por excesso, o outro por falta."

Aristóteles, *Retórica das paixões*

Para Aristóteles, o meio-termo, é o critério de inclusão de si e do outro.

Sendo assim, podemos concluir que a postura assertiva é uma virtude, pois se mantém no justo meio-termo entre dois extremos inadequados, um por excesso (**agressão**), outro por falta (**submissão**).

O significado de assertividade tem sido distorcido, promovendo resistências nas pessoas. Muitos entendem que ser assertivo é ter apenas uma comunicação sincera e objetiva, sentindo-se com o direito de dizer muitos "nãos" e poucos "sins" aos outros, "doa a quem doer e custe o que custar".

A assertividade clarifica as relações, propiciando uma **comunicação ética** entre as pessoas. A linguagem assertiva, verbal e não verbal, utiliza signos que exprimem a verdade, autorrespeito e respeito pelos outros, buscando uma solução para os conflitos que satisfaça aos interesses das partes envolvidas.

No ambiente profissional, o perfil assertivo é cada vez mais valorizado, principalmente num mercado de mudanças contínuas, que exige decisões objetivas e focadas nos resultados esperados e que considera relevante a construção de parcerias. A técnica assertiva "aposta" na mudança do comportamento passivo ou agressivo para um comportamento maduro e honesto, adaptado a todos os tipos de personalidade.

Assertividade como estilo de comportamento

"O comportamento assertivo é ativo, direto e honesto, transmitindo uma impressão de autorrespeito e respeito pelos outros."

ATIVO porque é um comportamento atuante, incisivo e decidido, ao contrário do reativo, que apenas surge quando é estimulado pela ação de outra pessoa.

Confira um exemplo de comportamento ativo:

— Chefe, machuquei meu pé e tenho que fazer fisioterapia duas vezes por semana. Não se preocupe, pois deixarei tudo organizado e você não será prejudicado na minha ausência.

Confira, agora, um exemplo de comportamento reativo e perceba o impacto nos resultados da comunicação:

— Maria, por favor veja uma passagem para Recife, na sexta-feira de manhã, de preferência pela Gol.
— Chefe, não tem nenhum horário pela manhã.
— Maria, e as outras companhias aéreas?
— Ah, aí não sei. Preciso verificar.

O comportamento assertivo é **DIRETO** porque faz economia de palavras, não permitindo rodeios, justificativas e desculpas. Toda mensagem tem uma frase nuclear considerada como **foco principal** e somente ela deve ser comunicada. Quando usamos um excesso de palavras, corremos o risco de assumir a postura passiva e diluir a força da mensagem entre desculpas e justificativas.

Veja um exemplo de comportamento não direto:

"— Mirtes, desculpe-me por ter-lhe chamado no final do expediente. Eu estava ocupada toda a tarde. Preciso falar com você algo muito importante.

Como você está se sentindo? Bem, é desagradável ter que dizer isso. Afinal, você vem trabalhando conosco durante muito tempo e me sinto constrangida...

Não é nossa vontade, mas infelizmente vamos ter que desligá-la do quadro de funcionários. Não fique chateada conosco."

Uma maneira mais adequada, de comportamento direto:

"— Mirtes, como é do seu conhecimento, você não vem atendendo às novas demandas do trabalho. Por isso, quero comunicar-lhe que, a partir de hoje, você não fará mais parte do quadro de funcionários. Agradeço sua dedicação nesse tempo e conte conosco, caso necessite de recomendações."

O comportamento assertivo é **HONESTO** porque não usa artimanhas e manipulações para exercer influência.

Sobre o comportamento desonesto, Aristóteles diz:

"Dar livre curso às paixões é permitir que os meios se apresentem como fins."

Retórica das paixões, p. XXXVII

Confira dois exemplos de comportamento direto e honesto:

— Assumo a responsabilidade pelo erro na remessa dos documentos. Não sei a resposta, posso pesquisar e responder em seguida.

— Seu problema necessita de uma análise mais apurada, mas, como o erro foi nosso, nada mais justo do que levarmos o documento correto até sua residência. Você aguarda até a tarde?

Continuando a análise do conceito de assertividade, temos que:

"Uma pessoa assertiva vence pela influência, atenção e negociação, oferecendo ao outro a opção pela cooperação. Não oferece retaliações e estimula a comunicação de mão dupla."

Influenciar é conseguir que o outro pense ou faça o que se espera dele.

Essa influência pode ser **eficaz** ao estabelecer confiança, cooperação e comprometimento entre as partes, assim como pode ser **ineficaz,** ao desenvolver sentimentos negativos como resistência, imposição e retaliação, porque uma das partes foi obrigada a ceder à vontade da outra.

A forma de influenciar, portanto, determina o tipo de relacionamento, motivação e clima do relacionamento interpessoal.

Os dois tipos principais de influência são:

- **Influência direta:** ocorre quando alguém **diz diretamente** ao outro o que deve ser feito.

- **Influência indireta:** ocorre quando alguém, por meio de estratégias verbais e não verbais, monta um conjunto de argumentos buscando a concordância do outro, por meio do convencimento.

Assertividade é flexibilidade

Uma pessoa assertiva tem desenvoltura e flexibilidade para se mover entre os comportamentos construtivos, ora influenciando o seu interlocutor, por meio da expressão natural de seus sentimentos, opiniões e necessidades, ora aceitando ser influenciado, ou seja, ouvindo opiniões divergentes, pedindo e dando ajuda.

Ser assertivo é dizer "SIM" e "NÃO" quando for preciso.

Assim como dizemos sim, às vezes queremos dizer não, no sentido de dar limites e respeitar a própria vontade. Se digo não com frequência, agrido o outro, mas, se digo sim intensamente para o outro, agrido a mim mesmo.

Veja um exemplo de "Não sei dizer NÃO":
Você chega em casa cansado de um dia de trabalho e decide que vai descansar. Toca o telefone e, ao atender, constata que é seu amigo. Ele lhe convida para um "happy hour" e, mesmo cansado, você aceita o convite, porque fica constrangido em dizer não. Você não conseguiu ser assertivo, preferiu dizer não a si mesmo, em vez de dizer ao amigo.

Veja o mesmo exemplo, agora dizendo não, sem se sentir culpado:
Marcelo: "Olá, Bruno, depois de um dia de trabalho, vamos tomar um drinque?"
Bruno: "Olá, Marcelo, agradeço o convite, mas hoje não vou."
Marcelo: "Não aceito seu não, convidei duas garotas e garanti sua presença. Elas querem ver você."

Bruno: "Eu compreendo, mas hoje não irei."
Marcelo: "O que está acontecendo? Você vai me fazer esta desfeita?"
Bruno: "Realmente, hoje não vou. Estou cansado e preciso descansar."
Marcelo: "Você não gosta mais de sair comigo?"
Bruno: "Eu gosto de estar com você, mas hoje não desejo sair."

Assertividade e racionalidade nos julgamentos e avaliações

O **julgamento irracional** distorce a realidade e antecipa a consequência de um possível problema. Quando alguém adota o julgamento irracional, está profundamente preocupado com o que os outros vão pensar a seu respeito.

Exemplo: "Se eu tivesse falado o que realmente penso, fulano cairia em cima de mim."

O **julgamento racional** é focado na "situação-problema" e entende que existem muitas soluções para o mesmo problema. Não é preciso ter medo do que os outros vão pensar. O máximo que pode acontecer é não concordarem e tudo estará bem. A comunicação assertiva baseia-se no julgamento racional.

Exemplo: "Expressarei minhas opiniões, mesmo que os outros não as aceitem. Para mim, está tudo bem."

Exercite seus julgamentos em situações de conflitos, como estes exemplos:

— Se eu fizer valer meus direitos no conflito com meu chefe (ele quer que eu faça extra no fim de semana e eu já tenho um compromisso importante), ele vai me demitir.

— Se eu fizer valer meus direitos no conflito com minha esposa ou meu marido (não quero emprestar dinheiro), ela (ele) vai se sentir magoada(o) comigo.

Pense em uma situação em que você não venha fazendo valer seus direitos. Complete a frase com os pensamentos que têm dirigido você a usar julgamentos irracionais nessa situação: Se eu fizer valer meus direitos, _____

_____

Agora, troque seu julgamento irracional por um julgamento racional, na mesma situação: Se eu fizer valer meus direitos, o máximo que pode acontecer é _____

_____

Em um processo de comunicação, a mensagem básica da asserção é:

"Isto é o que eu penso."
"Isto é o que eu quero."
"Isto é o que eu sinto."

ATITUDES DE BASE DA ASSERTIVIDADE

Para se tornar uma pessoa assertiva, você precisa se fortalecer com as atitudes que chamamos de base para o comportamento assertivo. Sem elas, é impossível desenvolver uma comunicação em que você afirme seu eu sem massacrar o eu do outro, do seu interlocutor.

- **Autoestima** — origina-se da imagem que você tem de si mesmo. É a sua reputação vista por seus próprios olhos. É o que você pensa e sente sobre si mesmo. A qualidade da autoestima depende de você. Depende da aceitação, da confiança e do respeito que você tem por si mesmo.
- **Determinação** — é uma energia que faz você ter coragem para ir em frente e não desistir perante os obstáculos. É ter foco e clareza sobre aonde quer chegar.

- **Empatia** — é colocar-se no lugar do outro mentalmente e sentir o que o outro está sentindo numa determinada situação. Somente pessoas maduras conseguem estabelecer empatia.
- **Adaptabilidade** — é adequar seu estilo de comunicação e entrar em sintonia com seu interlocutor, seja uma criança, seja um idoso, tenha nível cultural alto ou baixo.
- **Autocontrole** — é assumir que o ser humano é bastante emocional e usar da racionalidade para gerenciar emoções, não perdendo o controle das situações.
- **Tolerância à frustração** — é aceitar que não podemos só ouvir sins, pois existem os nãos que são pertinentes e justos. Isto significa aceitar a diversidade humana.
- **Sociabilidade** — é gostar de estar com pessoas, é se preocupar com o bem-estar do outro assim como o seu próprio. É tratar as pessoas com naturalidade e sem ideias preconcebidas.

Além dessas atitudes, existem três condições para ser assertivo:

1º) Saber o que quer e aonde quer chegar

Se você não sabe aonde chegar, qualquer caminho leva a algum lugar que pode ou não agradar. A clareza do seu desejo é condição básica para uma comunicação firme, direta e segura. O autoconhecimento é uma boa forma de obter esclarecimentos sobre seus sentimentos, pensamentos e desejos. Clarificando suas expectativas, é bom planejar de que forma você vai chegar ao destino escolhido.

2º) Partir de um pensamento positivo

Se suas expectativas forem altas, os resultados serão também altos, mas, se forem baixas, a dúvida e a insegurança levarão você a titubear diante da situação. Portanto, mentalizar positivamente o resultado desejado o ajudará a percorrer o caminho com determinação e confiança. Porém, essa positividade deve ser um pano de fundo para uma análise dos fatos e dados com isenção e rigor, transformando a ameaça em oportunidade de sucesso.

3º) Ser proativo para atingir os resultados

Ser proativo é antecipar possíveis problemas que possam interferir nos resultados finais, planejando para não permitir que ocorram. A proatividade ajuda você a não ser pego de "calças curtas".

Uma pessoa que sabe o quer, acredita em sua capacidade e age proativamente assume a responsabilidade por sua própria vida e por suas escolhas. Assim, está habilitado a se tornar uma pessoa assertiva.

COMO ESTÁ SUA ASSERTIVIDADE? Faça sua avaliação.

Avalie como está seu comportamento assertivo.

Coloque um X na coluna que corresponder a sua resposta.

Comportamentos	Quase sempre	Com frequência	Raramente
1. Fico constrangido quando tenho de enfrentar alguém para resolver um problema.			X
2. Eu perco a paciência com facilidade, pois sou do tipo "pavio curto".			X
3. Quando alguém é irônico e sarcástico comigo, eu reajo da mesma forma com ele.		X	
4. Prefiro que as pessoas percebam o que eu desejo ou preciso, do que eu ter de dizer-lhes.			X
5. É importante para mim obter o que preciso e desejo, nem que com isto possa magoar outra pessoa.			X

Comportamentos	Quase sempre	Com frequência	Raramente
6. Não me incomodo em admitir meu erro perante os outros.	X		
7. Expresso minha discordância das opiniões das pessoas, em geral, sem dificuldade.		X	
8. Quando preciso me impor junto a outra pessoa a forma que normalmente uso é aumentar o tom de voz e olhar penetrante.			X
9. Quando algo sai errado, acho um bode expiatório.			X
10. Para mim, é importante conquistar a simpatia das pessoas, mesmo que para isto eu tenha que fazer coisas que normalmente não faria.			X
11. Tenho habilidade em resolver satisfatoriamente a maioria dos conflitos com outras pessoas.		X	
12. Tenho dificuldade em dizer **não** aos pedidos que as pessoas me fazem, e quando digo me sinto culpado.			X
13. Quando necessário, sou duro e inflexível e não dou explicações sobre minhas decisões.			X
14. Sou objetivo e sempre falo a verdade, doa a quem doer.		X	
15. Prefiro ficar quieto e não expressar minhas opiniões.			X
16. Quando preciso, sinto-me à vontade em pedir ajuda do outro.	X		
17. Quando alguém faz uma crítica, prefiro ficar quieto para não gerar conflito.	X		
18. Eu fico constrangido quando alguém me dá um presente.			X
19. Quando eu falo algo é porque tenho certeza. Por isso fico irritado com a pessoa que discorda de mim.			X

Comportamentos	Quase sempre	Com frequência	Raramente
20. Expresso meus sentimentos franca e honestamente, sem constrangimento.		X	
21. Gosto de pedir feedback para saber se o outro concorda ou discorda do meu ponto de vista.		X	
22. Quando tenho dúvidas, evito fazer perguntas por medo de parecer ridículo.		X	
23. Percebo que, frequentemente as pessoas tiram vantagens de mim.			X
24. Gosto de iniciar conversas com desconhecidos.		X	
25. Quando alguém é agressivo, fico chocado e não consigo reagir.		X	
26. Eu me sinto uma pessoa importante, competente e querida.		X	
27. Sou espontâneo e afetuoso com as pessoas que gosto.		X	
28. Quando vejo que um vendedor se esforçou em mostrar suas mercadorias, sinto dificuldade de dizer "Não quero nenhuma", se for o caso.			X
29. Quando faço algo que considero bom, faço com que as pessoas saibam disso.		X	
30. Se alguém fala a terceiros algo a meu respeito que não me agrada, procuro-o logo para conversar sobre o assunto e mostrar minha insatisfação.		X	
31. Quando alguém faz uma crítica, procuro rapidamente mudar meu comportamento para adequar-me à situação.			X
32. Percebo que as pessoas levam em conta minhas opiniões.		X	

Comportamentos	Quase sempre	Com frequência	Raramente
33. Eu me envolvo facilmente com os problemas dos outros e assumo a responsabilidade em ajudá-los na solução. Se assim não o fizer, sentirei um desconforto.		X	
34. Sinto-me mais confortável em ajudar os outros do que ser ajudado.			X
35. Tenho mais facilidade para criticar do que elogiar.		X	
36. Quando alguém me elogia, fico constrangido e digo que não fiz mais do que minha obrigação.	X		

Circule os números, de cada coluna, correspondentes às suas respostas.

Depois, some os valores escolhidos e encontre o total correspondente.

Verifique sua classificação, a seguir.

Itens	Quase sempre	Com frequência	Raramente
1	1	2	3
2	1	2	3
3	1	2	3
4	1	2	3
5	3	2	1
6	3	2	1
7	3	2	1
8	1	2	3
9	1	2	3
10	1	2	3
11	3	2	1

24   Seja Assertivo!

Itens	Quase sempre	Com frequência	Raramente
12	1	2	③
13	1	2	③
14	1	②	3
15	1	2	③
16	③	2	1
17	①	2	3
18	1	2	③
19	1	2	③
20	3	②	1
21	③	2	1
22	1	②	3
23	1	2	③
24	③	2	1
25	1	②	3
26	③	2	1
27	③	2	1
28	1	2	③
29	3	②	1
30	3	②	1
31	1	2	③
32	3	②	1
33	1	②	3
34	1	2	③
35	1	②	3
36	①	2	3
TOTAIS	20	24	46

TOTAL GERAL   90

RESULTADOS:

Até 36 pontos – Baixa assertividade
Você está usando o comportamento defensivo com muita intensidade. Isso quer dizer que, diante das diversas situações do cotidiano, você tem escolhido a passividade ou agressividade para se relacionar com as pessoas. Essas escolhas devem estar propiciando conflitos no seu dia a dia, impedindo-o de ser feliz e de equilibrar sua autoestima.

37 até 72 pontos – Média assertividade
É provável que nas situações mais difíceis, nas quais se sente ameaçado, você está se armando e se defendendo com passividade ou agressividade. Em situações menos ameaçadoras, você tem conseguido ser assertivo.

73 até 85 pontos – Boa assertividade
Na maioria das vezes, você tem se afirmado positivamente. Porém, fique atento às situações que lhe causam desconforto. Perceba se não está perdendo em algumas situações, principalmente naquelas com pontuação menor que 3.

85 até 108 pontos – Excelente assertividade
Na sua percepção, você negocia bem os seus direitos e respeita os dos outros, comunica-se com eficácia e tem cuidado de sua autoestima.

RECOMENDAÇÃO: É interessante que você peça para outras pessoas que o conheça bem para responder esse teste. Outras percepções poderão agregar valor ao seu autoconhecimento e a busca de crescimento pessoal. Tenha em mente que o comportamento assertivo é aprendido, basta você querer.

A comunicação assertiva resolve muitos problemas imediatos, minimizando a probabilidade de problemas futuros, mas não serve para toda situação e nem para obter tudo o que se quer. A comunicação assertiva, por si só, não garante a qualidade do relacionamento interpessoal. Mas, se o estilo de se comunicar diretamente for resultante de uma filosofia de vida assertiva, seu relacionamento interpessoal será construtivo, pois a assertividade não só facilita a expressão clara e objetiva de seus desejos, ideias e sentimentos, como também engloba os desejos do outro.

Assertividade é mais do que um comportamento, é uma filosofia de vida ganha-ganha, um estado de espírito que o isenta de alguns sentimentos indesejáveis.

2

CREDIBILIDADE

Afirmar o seu eu é uma questão de sobrevivência

Graças aos avanços da ciência no final do século XX, verificamos um progresso na tecnologia de informação, que se tornou capaz de exercer um papel de elo entre as demais tecnologias e estabelecer uma conectividade planetária.

O progresso tecnológico contribuiu fortemente para a existência irreversível de um sistema político, econômico e social globalizado. Pudemos ver e sentir a globalização revelada no cotidiano do homem, em seu comportamento de consumista, na virada do século XX.

Independentemente de nossa vontade, estamos todos interligados de alguma forma. Somos denominados "cidadãos do mundo", pois o mundo chegou até nós por meio de alimentação, vestuário, filmes, aparelhos eletrônicos etc., reorganizando o conceito de sociedade atual.

A globalização trouxe na bagagem a falta de empregos. É interessante notar que a escassez de emprego vem gerando uma necessidade nas pessoas, cada vez maior, de estudarem e de aumentarem suas competências profissionais, que, aliás, não são as mesmas de 10 anos atrás. Era comum encontrar um percentual acentuado de analfabetos operando máquinas nas indústrias brasileiras. Hoje, é inadmissível tal fato.

Com isso, o nível de escolaridade está aumentando, os cargos na hierarquia organizacional, diminuindo, e a gestão com foco nos resultados tomando lugar nas empresas.

A sensação é de que a sobrevivência está sempre por um fio. Consequentemente, firma-se um círculo vicioso no qual as pessoas se sentem desamparadas e o resultado objetivo é a necessidade desenfreada de algo que possa lhes dar a segurança, que é o dinheiro. Temos de reconhecer que, diante de um quadro de insegurança, a diminuição no grau de assertividade é proporcional à perda da autoconfiança e à perda da autoestima. O medo do desemprego é um dos fatores que mais compromete a afirmação das pessoas. A prática da assertividade, mais do que nunca, vai ao encontro das necessidades do momento atual.

A sobrevivência, no que se refere à comunicação humana, nesse mundo de escassez e instabilidade, depende da revisão dos valores morais e éticos que regem as relações interpessoais. Os princípios éticos sugerem que as pessoas procurem **benefícios mútuos** sempre que possível e que, quando seus interesses entrarem em conflito com os interesses do outro, insistam para que as decisões se **baseiem em padrões justos**, independentes da vontade dos dois lados, utilizando o diálogo. Torna-se premente o resgate de uma ética baseada em uma comunicação dialógica, com o respeito mútuo das individualidades.

Percebe-se que, gradativamente, esses novos paradigmas estão se instalando nas relações sociais. Dentro desse novo contexto ético, um predicado será determinante ao seu sucesso profissional: CREDIBILIDADE. Foi-se o tempo em que credibilidade era sinônimo de temor e que um chefe conseguia resultados somente usando o poder do seu cargo ou um pai conseguia a obediência dos filhos unicamente pela proibição, apesar de o sistema de punição e recompensa persistir enraizado na mente de muita gente.

Hoje, convivendo com o paradigma "mudar é preciso", a credibilidade não é mais conquistada por uma comunicação baseada no temor. Novos padrões indicam que a credibilidade não é imposta, mas, ao contrário, é conquistada pela confiança que o outro deposita em você.

CONFIANÇA É O CAMINHO PARA A CREDIBILIDADE

O que é confiança?

Vou iniciar a conceituação de confiança com algumas indagações:

Quais são os critérios que você usa para contratar uma babá para seu filho, um funcionário para sua empresa ou departamento? O que você considera importante ao escolher um convênio médico ou um fornecedor para seu trabalho?

A resposta é uma só: a confiança em que o outro vai fazer a tarefa ou cumprir o contrato, exatamente da forma como você deseja que aconteça.

> Confiar é ter certeza de que o outro fará por mim exatamente o que eu faria por mim, numa dada situação. E eu só faria o que fosse o melhor para mim.

E o que desperta a confiança?

A confiança se estabelece quando são atendidas as leis do discurso que regem o diálogo e determinam o sucesso de um processo de comunicação.

Imagine-se numa situação em que você esteja contratando um serviço ou comprando um produto. É provável que você espere:

1º) Que o produto/serviço resolva seu problema.
2º) Que o fornecedor seja honesto, comprometido com sua necessidade e cumpra com o prometido.
3º) Que não venha a ter surpresas desagradáveis futuramente, ocasionadas pela ausência de informação na época da compra/venda ou por falta de clareza na comunicação.

4º) Que o fornecedor seja suficientemente polido para não lhe fazer julgamentos e críticas agressivas.

(Obs.: Falaremos detalhadamente sobre as leis do discurso no Capítulo 7.)

Um comunicador eficaz é aquele que faz você se sentir competente pela escolha/compra feita. Se isso acontecer, seu fornecedor terá conquistado sua confiança e obtido credibilidade a seus olhos.

O segredo da credibilidade está na maneira de usar o seu poder de influência no ato de convencimento e persuasão.

O PODER QUE DÁ CREDIBILIDADE

O que é o poder

Existem muitas formas de conceituar o poder. Mas ficaremos com a tradicional, que considero a mais adequada a nossas reflexões sobre o processo da comunicação nas relações interpessoais.

Poder é ter a força de influenciar o pensamento e o comportamento do outro. É fazer com que seu interlocutor pense e faça aquilo que você acredita ser o adequado numa dada situação. Ter o poder não é somente estar em condições de impor a própria vontade contra qualquer resistência, mas, antes de tudo, dispor de um capital de confiança tal que o outro lhe delegue o poder da influência.

Dessa forma, o poder pode ser usado pela **coerção** ou pela **aceitação** do interlocutor: na primeira alternativa, o detentor do poder impõe sua pessoa, sua opinião e sua atitude ao outro, que cederá pelo medo da punição; na segunda alternativa, o detentor do poder possui um conjunto de competências que lhe dá "autoridade" para influenciar o outro. Vamos caracterizar dois tipos de poder.

Poder de posição

É o poder baseado na autoridade que lhe é conferida em função do papel que você desempenha. Você usa esse poder em vários papéis que representa em sua vida, como, por exemplo:

- No papel de chefe, sua força de influência está no cargo que ocupa, que é conferido pela empresa. O cargo lhe dá o poder de determinar tarefas e de cobrar os resultados. Como chefe, você tem autoridade para ditar as regras do jogo.
- No papel de pai/mãe, você tem o poder de permitir ou não uma ação do filho, assim como é a autoridade máxima para direcioná-lo na vida.
- No papel de professor, você tem o poder de ensinar, aprovar ou desaprovar o aluno.

Esse poder implica a desigualdade hierárquica, dando autoridade ao superior para exercer influência sobre o nível inferior.

Poder pessoal

É o poder baseado nas habilidades pessoais de envolvimento e comprometimento das pessoas, em sua competência de ser um líder que conquista seguidores, que podem ser seus filhos, funcionários, alunos, amigos, chefe, enfim, qualquer um que desempenhe um papel em sua vida. Sua competência em influenciar as pessoas não está na posição que você ocupa na relação com o outro, mas sim no seu poder pessoal de estabelecer vínculos com as pessoas, de tal forma que, voluntariamente, elas fazem o que você espera delas.

Esse tipo de poder busca encontrar no espírito do outro uma disposição a algo que ele mesmo considera correto, ou seja, é uma influência baseada no consentimento do outro.

Uma pergunta oportuna: Todo pai ou chefe é um líder? Não, se ele usar somente o poder com autoridade, impondo sua opinião, mesmo sendo a melhor. Mas ele será um líder se, além do poder de autoridade, usar o poder sem autoridade, fazendo o outro se sentir um igual, como ser humano.

Existe também a forma dissimulada e manipuladora de influenciar pessoas, que é o poder de sedução. Uma pessoa usa esse tipo de poder quando não tem competência para usar o poder de posição e o poder pessoal. Tanto o poder de posição quanto o pessoal, bem utilizados, são potencialmente eficazes. No entanto, o uso exclusivo do poder de posição pode perder sua eficácia na medida em que o exagero possa ser percebido como autoritarismo. Para as pessoas, tendo ou não um cargo ou uma posição superior, cabe-lhes dominar as ferramentas da competência comunicativa apresentadas nos textos deste livro.

O uso equilibrado dos dois poderes conquista a confiança e a aceitação do outro para ser influenciado.

Vamos agregar mais conhecimentos sobre como influenciar pessoas por meio de conceitos de convencimento e persuasão.

COMO CONQUISTAR CREDIBILIDADE: CONVENCER E PERSUADIR

Passamos boa parte de nossas vidas conversando, ouvindo e expressando opiniões, preocupados em obter credibilidade junto às pessoas importantes para nós. Do ponto de vista pessoal ou profissional, estamos todo o tempo tentando convencer ou sendo convencido por alguém.

Mas nem sempre somos felizes em nossas conversações. Algumas vezes, somos mal interpretados e, em outras, nossos argumentos não são convincentes. Ficamos frustrados pela falta de habilidade em argumentar, pois, afinal, *"não vendemos nosso peixe".*

Como sair dessa... Imagine-se na seguinte situação:

Hoje é sexta-feira e você se encontra na sala do chefe. Ele o chamou para comunicar que, neste fim de semana, você deverá fazer hora extra. Você tenta retrucar, mas ele interrompe, dizendo que não aceita recusa. Você se sente desrespeitado, pois em nenhum momento ele se preocupou em buscar seu consentimento. Surgem, a partir desse momento, pensamentos do tipo: O que fazer? Enfrentar ou fugir? Resistir e correr o risco de provocar um conflito ou ceder e engolir mais esse sapo? Afinal, não é o primeiro e nem será o último.

Você acaba de ser vítima do uso exagerado do poder de posição, numa tentativa frustrada de comunicação em que apenas um lado sairá ganhador, provavelmente o seu chefe.

Num ato de comunicação, emissor e receptor normalmente buscam convencer e persuadir mutuamente. Não foi essa a sua experiência com o chefe. Você não convenceu nem persuadiu, mas tão somente representou o papel de sujeito passivo submetido a uma imposição. Então, vem a frequente questão: *"O que é preciso para convencer e persuadir alguém de forma ética, sem manipulação?"*

A resposta é **CREDIBILIDADE**. É preciso ser e parecer crível na percepção do outro.

É importante esclarecer o significado das palavras **CONVENCER** e **PERSUADIR**, antes de analisarmos o papel da credibilidade no processo da comunicação interpessoal.

Muitos ainda pensam, porém, que convencer é insistir, e não desistir, até o momento em que o outro concorde com sua ideia.

CONVENCER é falar à **razão** do outro, buscando a **IGUALDADE DE PENSAMENTO**. Convencer significa vencer juntos, e não vencer o outro, impondo suas ideias. O convencimento só será eficaz se quem está sendo convencido aceitar que a ideia ou opinião do outro é a melhor no contexto em que está inserida. É preciso haver o consentimento do outro.

PERSUADIR, por sua vez, significa falar à **emoção** do outro, levando-o à **ação**, ou seja, a agir da maneira desejada. A persuasão fala diretamente aos sentimentos e às necessidades intrínsecas do ser humano.

> "Quando somos convencidos, somos vencidos por nós mesmos, pelas nossas ideias. Quando somos persuadidos, sempre o somos por outrem."
>
> **A. Ed. CHAIGNET,** *La Rhétorique et son histoire*

Pode existir convencimento sem haver persuasão? Pode-se afirmar que sim. Por exemplo, após uma brilhante palestra sobre antitabagismo, a plateia pode estar convencida dos males do fumo, mas nem por isso todos irão parar de fumar.

Agora, vamos inverter a pergunta. Pode haver persuasão sem convencimento? A resposta também é sim. Mas, nesse caso, há uma diferença na forma, pois a atitude de convencer não ocorre em função de autoridade, mas do autoritarismo da pessoa que a determinou. É o caso do chefe que obrigou seu funcionário a trabalhar no fim de semana.

Outro exemplo corriqueiro, é o de um jovem que não gosta de usar roupas formais. Porém, a partir do momento em que ele vai trabalhar em uma empresa onde é obrigatório o uso de paletó e gravata, se ele quer se manter no emprego, usará a roupa formal, mesmo não tendo sido convencido de sua relevância.

Podemos citar ainda um outro tipo de persuasão, em que o convencimento ocorre de modo superficial e não de fato. Esse tipo nos leva à sensação do "fui enganado". Ocorre quando, num primeiro momento, você se sente convencido e, por exemplo, realiza uma compra. Depois de um determinado tempo, possivelmente curto, você percebe que o produto não possui os benefícios atribuídos pelo vendedor. Isto vai levar você à perda de credibilidade naquele vendedor e, muito provavelmente, você jamais comprará algo dele de novo, podendo até mesmo deixar de ser cliente daquele estabelecimento comercial.

O DIÁLOGO COMO MEIO DE CONVENCER E PERSUADIR

Uma pessoa tem credibilidade, ou seja, é digna de crédito, quando consegue estabelecer relações interpessoais em que o outro se sinta confortável em concordar com suas ideias, e também delas discordar, e se sinta livre para decidir quais serão suas escolhas. Estamos falando do diálogo genuíno.

Martin Buber, autoridade no assunto diz:

"O principal requisito para o diálogo genuíno é que cada um deve considerar seu parceiro tal como ele realmente é. Tome consciência dele, de suas diferenças em relação a mim, do modo definido e único que é peculiar a ele. E eu o aceito como vejo, para que possa me dirigir seriamente à sua pessoa. Talvez eu deva me opor a ele quanto ao assunto de nossa conversa. Mas eu aceito essa pessoa, em seu ser definido de onde se desenvolveu a convicção que carrega. Mesmo que eu deva mostrar, minuciosamente, o equívoco de sua posição, eu afirmo à pessoa que enfrento: luto com ele como parceiro, confirmo-o como criatura e criação. Eu confirmo a quem me opõe como ele a mim. É verdade que agora depende do outro que o diálogo genuíno e o discurso mútuo se instalem entre nós. Mas, se eu lhe der sua posição legítima, como homem com o qual estou pronto a dialogar, então poderei confiar nele e supor que ele também estará apto para me considerar seu interlocutor."[1]

---

1. BUBER, Martin. "Elementos do inter-humano". In: MORTENSEN, C. David. *Teoria da comunicação – textos básicos*, p. 409.

No diálogo, a **verdade** se aplica a pessoas que se comunicam tal como elas são. Assim, uma pessoa tem credibilidade quando o seu interlocutor lhe atribui o conceito de **ser e parecer verdadeiro**.

O QUE VOCÊ É? VERDADE, MENTIRA, SEGREDO OU FALSIDADE

O quadrado aristotélico pode nos mostrar as posturas e consequências da interação humana, por meio da combinação das variáveis SER e PARECER e NÃO SER e NÃO PARECER.

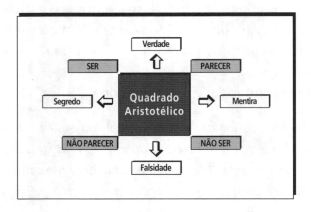

Vamos considerar que SER refira-se a conhecimentos, habilidades e atitudes pertinentes ao contexto da interação entre duas pessoas. Por exemplo, se você está em uma entrevista de emprego, é pertinente vestir-se com roupa formal e falar sobre suas competências. Mas, se você está na praia agindo da mesma forma, seu comportamento será visto como não pertinente.

Vamos considerar que PARECER tenha a ver com a interpretação do SER na percepção do outro.

Quanto mais o SER e o PARECER estiverem sintonizados e pertinentes ao objetivo do ato comunicacional, tanto maior será a credibilidade do emissor da mensagem.

O quadrado aristotélico sugere quatro combinações possíveis das variáveis, com resultados positivos ou negativos nas relações interpessoais.

Ser e não parecer: você é um segredo

Muitos profissionais vivem anos a fio trabalhando em empresas, ocultos em suas atividades, sem transformar seu real potencial em competências; seu conhecimento tácito em conhecimento explícito. Não se destacam e não fazem diferença no meio ambiente, limitando seu crescimento pessoal, profissional e inclusive financeiro. Guardam seu conhecimento como um **SEGREDO**, talvez por falta de confiança em si ou, quem sabe, por não conhecerem o próprio potencial. Mas pode ocorrer o contrário, o profissional NÃO SER realmente competente e vender-se melhor do que é. Vejamos o que acontece.

Parecer e não ser: você é uma mentira

O resultado é a **MENTIRA**. Relações interpessoais estabelecidas de acordo com essa combinação não conseguem sobreviver por muito tempo. São relações breves que vão se deteriorando pela frustração e expectativas não atendidas. Profissionais conseguem o emprego "vendendo" um currículo melhor do que realmente é. Seu superior vai se decepcionando, pois não consegue ver os resultados de seu trabalho. O processo de comunicação torna-se difícil e conflitante. O término da relação é inevitável, chegando-se à seguinte conclusão: *"Ele parecia competente e, no entanto, mostrou-se diferente do que aparentou inicialmente. Foi uma grande mentira."*

Não parecer e não ser: você é uma falsidade

Existem aquelas pessoas que NÃO PARECEM e NÃO SÃO competentes.

Enquanto a mentira engana por algum tempo, a FALSIDADE, resultado dessa combinação, é denunciada imediatamente.

Na relação NÃO PARECER e NÃO SER, o bloqueio da comunicação aparece logo nos primeiros contatos, impedindo a continuidade de um relacionamento duradouro. Se analisarmos o mercado de trabalho atual, podemos constatar uma incidência de desempregados que se enquadram nesta combinação. Os novos tempos de um mercado globalizado exigem novas competências dos profissionais e aqueles que não percebem a necessidade de mudar e não reagem na mesma velocidade das mudanças se perdem pelo caminho, despreparados e incompetentes para as novas demandas organizacionais. Perdendo sua credibilidade, não convencem e nem persuadem os empregadores, e o destino certo é a exclusão.

Por último, existem as pessoas que se enquadram na melhor combinação.

Ser e parecer: você é uma verdade

É a combinação que resulta na VERDADE. É a mais convincente, pois não só o emissor da mensagem acredita e sabe de suas próprias competências, como também é percebido como tal, aos olhos do outro. Sua credibilidade é baseada no SER.

O QUE VOCÊ GANHA EM SER ASSERTIVO

A comunicação assertiva é o estilo que possibilita SER e PARECER, pois suas características estimulam uma comunicação transparente, honesta, objetiva e de mão dupla.

A pessoa que adota a comunicação assertiva consegue estabelecer as duas direções que flexibilizam e dão equilíbrio à sua relação com o outro: **Influenciar e Ser influenciado.**

A assertividade possibilita a um profissional ser mais competente, na medida em que se torna uma pessoa segura e confiante em seu potencial, clara e concisa em suas relações, que:

- desenvolve relações interpessoais maduras, baseadas no autorrespeito e no respeito aos outros colegas;
- coloca limites às pessoas agressivas, que tentam invadir seu espaço;
- estimula as pessoas passivas, que se sentem inseguras ao se posicionar;
- analisa e resolve o problema, sem necessidade de buscar culpados;
- expressa seus sentimentos e opiniões de concordância e discordância com tranquilidade;
- tem a humildade de pedir ajuda;
- exerce com tranquilidade a autoridade;
- defende-se contra os excessos de poder;
- controla seus medos e aprende a integrar-se ao grupo, sem se deixar manipular ou dominar pelo conformismo da maioria, conservando a riqueza de sua própria individualidade.

No aspecto pessoal, a assertividade traz bem-estar, uma vez que a pessoa tem o controle de sua própria vida, sem necessidade da aprovação de outras pessoas sobre suas escolhas.

Na vida familiar, a assertividade ajuda na educação dos filhos, no relacionamento conjugal e afetivo. Portanto, é um fator determinante ao nosso bem-estar, pois, através da afirmação do nosso eu, adquirimos uma autoestima positiva e ficamos mais seguros para enfrentar os desafios do cotidiano.

Podemos concluir, com segurança, que a comunicação assertiva é realmente uma ferramenta eficaz para promover a qualidade de sua vida pessoal e profissional, dando-lhe credibilidade nos diversos papéis que desempenha, no ambiente profissional, familiar ou social.

A assertividade pode também contribuir para as relações comerciais, dando um novo rumo ao capitalismo vigente, pois a comunicação assertiva exige dos interlocutores a transparência em sua comunicação e o respeito mútuo.

O comportamento assertivo torna a pessoa capaz de: agir em favor de seus próprios interesses; afirmar-se sem ansiedade; expressar sentimentos sinceros sem constrangimento. Em suma, capaz de exercitar seus próprios direitos, incluindo os direitos do outro. Assertividade é o pano de fundo do diálogo.

Este é um grande desafio para a sobrevivência profissional das pessoas, pois quem é assertivo tem mais **credibilidade** e é mais respeitado, com chances maiores de sucesso profissional. Mesmo correndo o risco de desagradar pessoas não assertivas, acredito valer a pena apostar nessa alternativa.

3

POR QUE VOCÊ NÃO É ASSERTIVO

Os vilões da assertividade

Em nossos relacionamentos cotidianos, podemos constatar que são poucas as pessoas que se sentem livres para expressar o que está dentro de si. Outras preferem pagar os custos da agressão e da submissão para obter benefícios questionáveis provenientes dessa relação complementar e simbiótica, cujos papéis são bem definidos como o dominador que ataca e o dominado que recua.

Essa cumplicidade de papéis que aprendemos na vida para resolver nossos problemas reduz o poder de escolha a duas possibilidades de ação nas relações sociais: ou procuramos agradar o outro, buscando a harmonia e evitando o conflito, ou o atacamos, como forma de impor nossos desejos. Parece ser essa a forma mais corriqueira que aprendemos para resolver nossos problemas. Mas, na verdade, os problemas só fazem crescer gerando situações mal resolvidas e rancorosas entre as pessoas.

UMA HISTÓRIA DE TODOS NÓS: POR QUE NÃO SOU ASSERTIVO?

Segunda-feira. Caio acorda agitado. A semana promete grandes desafios. Depois de três meses de intenso trabalho, chegou o momento de testar o novo software. Seu sucesso ou fracasso interferirá diretamente no atendimento aos clientes da empresa em que trabalha. No fim de semana, ele repassou várias vezes todos os processos, mas, mesmo assim, sente-se apreensivo e tenso, pois qualquer erro pode ser motivo para, novamente, ser depreciado pelo chefe autoritário e intolerante.

São 10 horas da manhã e Caio encontra-se na reunião com as áreas envolvidas na implantação desse novo projeto. Um pequeno detalhe foi o suficiente para provocar a ira do chefe, que, diante de todos, descarregou sobre Caio sua crítica com ironia cruel:

— Caio, o curso que lhe paguei não foi o bastante para torná-lo competente o suficiente para não cometer tais imbecilidades? — indagou-lhe o chefe.

Evidentemente, o chefe não quer resposta, mas tão somente, provar às pessoas presentes que ele é competente. Para isso, necessita que Caio assuma sua incompetência publicamente.

— Desculpe-me, prometo que hoje mesmo esse erro será sanado — respondeu Caio constrangido, com voz trêmula, em tom baixo, desviando o olhar para o papel sobre a mesa.

Que sapão!!! Deu indigestão!!!

Foi um dia difícil. Caio permaneceu quieto e isolado, mas com uma dor terrível no peito: a dor da RAIVA. Sentia-se mal quando lembrava da cena humilhante, recriminando-se por sua falta de reação.

Por um momento, imaginou o que as pessoas poderiam estar pensando a seu respeito. Imediatamente, palavras ocuparam sua mente: imbecil, incompetente, capacho, coitado...

Um calafrio percorreu seu corpo, o rosto enrubesceu e suas mãos molharam de suor, exatamente igual ao dia da reunião fatídica. Sentiu-se culpado pela falta de reação e, em seguida, racionalizou:

— Desta vez, foi melhor assim, mas, da próxima, vou reagir e dizer ao chefe o que penso. Ainda pensando... se confrontasse o chefe, perderia o emprego. É melhor consertar o erro, todos ficarão satisfeitos e eu me mantenho trabalhando.

Na volta para casa, dirigia distraidamente, quando, de repente, ouviu um grito acompanhado de um palavrão. Era um motorista raivoso com sua falta de habilidade na direção.

— Idiota!!!! Cego!!!!! Preste mais atenção nos carros —, gritou o motorista.

Nesse momento, Caio se sentiu totalmente invadido e agredido por uma pessoa que não o conhecia, nada sabia sobre sua vida, seus sentimentos e muito menos a respeito das dificuldades que estava enfrentando...

Essa era demais. Não aguentou. O sangue subiu-lhe à cabeça, gritou mais alto ainda, proferindo um palavrão. Teve uma reação imediata — gritou como há muito tempo não fazia... assim, meio sem pensar!

Passou toda a semana cabisbaixo e não compartilhou com ninguém, nem mesmo com a família, o ocorrido na reunião.

Sua esposa, pessoa dedicada, dócil e boa mãe, está se preparando para mais um churrasco. Distraída em seus afazeres, não percebeu que o marido estava com os nervos à flor da pele.

— Caio, você está aí parado? Ainda não se aprontou? Temos o churrasco na casa de mamãe e você está atrasado!

Impulsivamente, com o tom de voz elevado, disse à esposa:

— Eu não aguento mais, todo sábado tenho que ir à casa de sua mãe. Será que não posso ter sossego?

Sua esposa ficou assustada, ofendida e começou a chorar, dizendo:

— O que eu fiz para deixá-lo assim nervoso? Você não gosta de minha mãe?

Imediatamente, Caio, tomando consciência de sua grosseria, pediu desculpas e justificou-se dizendo:

— Tive uma semana difícil no trabalho. Estou um pouco cansado, mas logo estarei pronto para irmos ao churrasco.

Mas a situação não foi boa. Caio não conseguiu se divertir, acabou se embriagando como forma de "fugir" daqueles pensamentos que o atordoavam. Bebeu muito e passou o domingo de ressaca.

Vai para o trabalho na segunda-feira e, depois de mais um dia isolado, pronto para sair, toca o telefone. É sua amiga Emília querendo "tomar uma cerveja", mas que, na realidade, estava necessitando apenas desabafar. Caio, que não está em condições para ouvir, não consegue dizer um não, com medo de magoar a amiga. E segue para o encontro.

Emília começa a desabafar e lhe narra uma história muito parecida com a sua, acrescentando:

— Além da rispidez do meu chefe, ainda tenho que encarar meu marido, que desvaloriza meu trabalho, dizendo que a função do Assistente é fácil... sem desafios... minha autoestima está no chão!

Caio não consegue efetivamente ouvir Emília. No início da conversa, já se identificou com o problema dela e também queria desabafar.

Emília era a pessoa ideal para ouvi-lo, pois não iria criticá-lo. Mal Emília terminava uma frase, Caio interrompia e dizia:

— Ah, é porque você não viu meu chefe. É pior do que o seu...

Emília fazia a mesma coisa. Ao final de uma hora, não se ouviam mais. Despediram-se, apenas um pouco aliviados, mas sem entender por que ora se sentiam impotentes para reagir e ora reagiam com prepotência.

Não entendiam que a falta de assertividade impede a expressão equilibrada de sua posição pessoal na hora certa, da maneira correta e com a pessoa que estimulou sua raiva e frustração.

Bem, podemos concluir que essa é mais uma história comum e corriqueira na vida de muita gente que se pergunta:

Por que ajo assim?
Por que me obrigo a aguentar situações insuportáveis?
Por que agrido pessoas queridas e depois me arrependo?
Por que carrego "uma mala" tão pesada ao percorrer os caminhos da vida?

O GRANDE VILÃO DA ASSERTIVIDADE: O MEDO

Considero o **medo da perda** a causa principal da falta de assertividade.

O medo é um sentimento positivo, quando na função de alerta contra o perigo, ajudando-nos na sobrevivência. No entanto, a partir do momento em que passa a interferir na qualidade da autoestima e a conduzir pensamentos para comportamentos defensivos, passa a ser uma arma apontada para seu ego, uma prisão para sua espontaneidade. Pode ser o medo de perder o emprego, de não ser competente, de ser humilhado e ridicularizado perante outras pessoas, de perder o amor de pessoas importantes em sua vida, de ser excluído e rejeitado e, inclusive, o medo da morte. O medo gera insegurança.

A insegurança cria um dilema entre o querer agir e o medo das consequências. Ela leva a pessoa a focar somente os custos, ampliando-os até o ponto de neutralizar os benefícios de suas escolhas; também é um sentimento imobilizador que, além de tornar a pessoa infeliz, impede a realização de seus objetivos pessoais e profissionais. Essa imobilidade psicológica acarreta a ansiedade, aquele aperto no peito que nos causa a autopiedade. Nesse momento, tornamo-nos vítimas de nossas próprias armadilhas.

No ambiente de trabalho, o medo é sentido mais intensamente por aquele que vê o risco de perder o emprego, que acredita ter competências insuficientes, pois, ao comparar-se com seus colegas, experimenta um sentimento de insatisfação pessoal. Normalmente os outros são melhores do que ele. O medo atinge o estágio da angústia naquele que se sente um intruso ao se incluir no mundo dos outros; que se olha e se vê como alguém que não "faz a diferença" necessária para "ser interessante" aos olhos das pessoas da empresa.

Expor sua individualidade o mínimo possível é uma solução para se manter no emprego ou, então, o uso da máscara da agressividade disfarçada de coragem é mais adequado, pois afasta qualquer possibilidade de suas fragilidades tornarem-se visíveis aos olhos do "inimigo".

É um círculo vicioso: o medo gera insegurança, a insegurança gera o medo de arriscar e de experimentar, que, por sua vez, gera a impotência, aquela sensação de incapacidade, que, por fim, culmina na ansiedade.

Esse medo pode se reproduzir em outras esferas da vida: na família, o medo de perder um ente querido, de não ser competente para educar os filhos, enfim, de não corresponder às expectativas que a sociedade impõe e que determinam o sucesso ou o fracasso de uma pessoa.

Estamos vivendo um momento em que o medo é tão generalizado que alcança todas as principais áreas de nossa vida: medo do desemprego, da fome, da violência e principalmente o medo de confiar no outro.

O medo é uma das fontes de estresse do homem contemporâneo, provocando-lhe um verdadeiro dilema. Por um lado, ele é impulsionado a competir, convivendo com a desconfiança em suas relações interpessoais e, por isso, sendo, muitas vezes, tomado pelo estresse e pela depressão. Por outro lado, quer ser solidário e desenvolver relações de parceria. A assertividade é uma necessidade para enfrentar o mundo das incertezas.

Liberte-se das amarras do medo.

Fique de olho e não se submeta ao medo, que o impede de agir e arriscar. O medo faz você fugir e negar o mundo por temor de ser rejeitado. Esse medo pinta um quadro sombrio da vida e lhe aponta sua insignificância. Encare o medo que lhe persegue e liberte-se para a alegria de viver. Não tenha medo de ser amável, porque você é gente.

Deixe de fazer o que você não quer fazer e faça aquilo que você quer fazer, mas mude por convicção e valor, não para ser aceito pelos outros. Liberte-se desse medo que está dentro de você, que torna seu mundo interior pequeno e o impede de ser direto e honesto. Não seja autoritário por medo de que o outro imponha suas próprias ideias. Acredite na beleza do ser humano que habita em você.

COMO AS INSTITUIÇÕES SOCIAIS INFLUENCIAM EM NOSSA ASSERTIVIDADE?

O grande vilão que provoca a perda da assertividade nos foi ensinado desde a infância, iniciando-se na família e reforçado por outras estruturas sociais tais como: a educação formal na escola, a igreja, por meio de seus dogmas religiosos, e a mídia como cinema, televisão, revistas, livros etc.

Desde criança, fomos direcionados a lidar com os conflitos de duas formas: com passividade e com agressividade, dependendo da situação, da pessoa que está à minha frente, ou seja, do grau de risco que corro entre perder e ganhar.

A matriz da assertividade é bastante útil para clarear o seu processo de desenvolvimento.

A matriz nos mostra que a assertividade é o equilíbrio entre socialização e individualidade.

Socialização é agir de acordo com o que a sociedade espera e diz que é correto. É respeitar o espaço do outro, levando em conta suas necessidades, ideias e desejos.

Individualidade é fazer o que se quer fazer; expressando suas ideias, interesses, vontades e limites, não permitindo que seu espaço seja invadido.

Entretanto, as estruturas sociais estimulam o nosso posicionamento nos dois extremos: excesso de individualidade e de socialização.

Ao exceder na socialização, automaticamente escolhemos não expressar nossa individualidade, dizendo NÃO para alguma necessidade interna e SIM para o outro, sacrificando nossos desejos em prol dos desejos do outro. Ao exceder na individualidade, optamos por impor nossos desejos, mesmo que, para isso, seja necessário invadir o território do outro.

As estruturas sociais iniciam sua influência desde o nosso nascimento. Piaget, estudioso do desenvolvimento da consciência da criança, mostrou, por meio de suas pesquisas, que uma criança de zero aos dois anos possui as estruturas da consciência totalmente imaturas. O comportamento infantil é dependente do adulto, reagindo a poucos estímulos. A criança come, chora, sorri e observa sem compreender.

Dos dois aos seis anos, a criança passa a se centrar em si mesma, em seus próprios interesses. Ela vê o mundo a partir de seu corpo e de seus interesses, como se tudo existisse para satisfazê-la.

Nessa fase, ela expressa totalmente sua individualidade, ou seja, fala o que pensa, o que sente e o que deseja, sem censuras e rodeios. Sua linguagem é direta, honesta e verdadeira.

Quando os pais passam por situações vexatórias causadas pela criança, sua preocupação com a socialização começa a dar sinais. É o momento em que acreditam ser ideal colocá-la na escola para aprender a se relacionar com outras crianças. Imaginam que, por meio da convivência infantil numa situação educacional controlada e dirigida, a criança será socializada, aprendendo a fazer e ser o que esperam dela. Veja uma cena típica da expressão autêntica dos sentimentos de uma criança que normalmente deixa os pais envergonhados.

Pedrinho fez quatro anos. Seus pais resolveram fazer uma grande festa e convidaram todos os amiguinhos, a titia, a madrinha e a vovó. Ele corre alegremente por todos os cantos da casa com seus amigos. De repente, sua mãe o chama. Ele pensa:

— Oba, mais um presente para brincar.

Chegando na sala, vê a titia com um pacotinho suspeito. Pedrinho senta no tapete e o abre numa puxada única, rasgando-o. Qual não é sua surpresa quando vê o presente. Demonstra sem rodeios sua insatisfação, dizendo:

— Roupa, de novo? Não gostei — e sai correndo.

Sua mãe vai buscá-lo e dá-lhe um beliscão disfarçado, dizendo baixinho:

— Seu mal-educado. O que lhe ensinei a dizer quando ganha um presente?
— Obrigado — respondeu.
— E o que mais? — insiste sua mãe. — Você tem que dizer, obrigado, gostei muito do presente.
— Mas eu não gostei — responde ele.
— Mesmo assim, você tem que dizer que gostou, porque senão você vai magoar sua titia. Assim, ela ficará triste, não vai gostar mais de você e nem dará presentes.

O garoto, assustado com o perigo da possível rejeição, concorda com a mentira. A partir dessa experiência, aprende que, se disser a verdade, é provável que será responsável pelo sentimento de mágoa do outro, e o pior, perderá seu afeto.

Existem crianças que se rebelam, sendo punidas por insistir em falar o que sentem e o que pensam. Em um dado momento, adotam a submissão para não serem castigadas.

É nessa fase da vida que assimilamos o paradigma:

"Não posso dizer o que penso, senão vou magoar alguém".

Crescemos acreditando no mito de que somos responsáveis pelos sentimentos dos outros, o que nos leva a assumir culpas pelas "mágoas" que causamos nas pessoas. Na verdade, nosso maior medo é o da rejeição e da desqualificação da imagem que queremos preservar de nós mesmos.

A emoção é um dos maiores desafios para o desenvolvimento da assertividade, justamente porque aprendemos, durante a vida, algumas lições e crenças sobre emoções e sentimentos que não a favorecem.

Dessa forma, a crença estabelecida de que uma pessoa é responsável pelos sentimentos do outro a leva à perda da assertividade, assumindo uma comunicação passiva, para não correr o risco de provocar sentimentos negativos no outro.

O comportamento agressivo também é ensinado por essas estruturas sociais. Veja alguns exemplos: "O mundo é dos espertos", "Bata antes de apanhar", "Olho por olho, dente por dente". Quantas vezes você ouviu uma mãe ou um pai dizer ao filho, que está chorando porque apanhou do amigo, para voltar e pagar na mesma moeda?

Em nome da moral e do respeito aos mais velhos, recebemos dos nossos pais e educadores mensagens que nos condicionam a reprimir a manifestação de alguns sentimentos considerados ruins e indignos. Eis alguns exemplos:

"Engole o choro", diz a mãe a Pedrinho, que está triste porque quebrou o brinquedo.

"Que feio fazer essa cara de bravo", diz a mãe ao ver Pedrinho demonstrando sua raiva por ter sido acordado repentinamente.

Temos que reconhecer que o comportamento assertivo não foi incentivado por inúmeras gerações, nem pela família, nem pela religião e muito menos pela escola. Pelo contrário. Em nome da disciplina e do respeito pelos mais velhos, a educação quase sempre premiou a submissão.

Esses métodos são automaticamente reproduzidos em nossas ocupações da vida diária. É comum um adulto assumir o comportamento da "criança bem-comportada", para não desapontar o outro.

Wilhelm Reich, em sua obra *Escute Zé-Ninguém*, escrita em 1946, reflete sobre o conflito interior de um médico que conviveu por muitos anos com o seu Zé-Ninguém interno, aquele que não sabe usar o poder, quando o tem. É a fala serena de um grande médico a cada um de nós, o ser humano comum, o Zé-Ninguém. Ele diz: "Quando penso nos seus filhos, quando penso em como destrói suas vidas atormentando-os na tentativa de torná-los "normais" como você."

A padronização do ser humano.

É essa educação que condiciona a pessoa a emitir comportamentos esperados pelo contexto, levando-a a sacrificar sua própria identidade em busca do reforço social extrínseco, caindo na não asserção, alienando-se da experiência direta da realização de seus sentimentos. Quando alguém diz muito "sim" para os outros, pode estar dizendo muito "não" para si próprio.

Por outro lado, se nenhuma expectativa social é satisfeita, as relações interpessoais são comprometidas pela preservação da própria identidade, caracterizando um comportamento agressivo e individualista.

As mensagens "o mundo é dos espertos", "bata antes de apanhar" ou "tire vantagens" também provocam desequilíbrio entre a socialização e a individualidade, levando pessoas a preservarem seus direitos em detrimento dos direitos dos demais.

A maioria de nós se sujeitou a esse esquema de socialização e estamos assistindo, agora, a uma mudança bastante significativa. Hoje, essa relação está mudando, muitas pessoas estão olhando para dentro e vendo a condição humana de modo positivo.

Os educadores podem cumprir sua missão eficazmente na medida em que compreendam o processo de maturação biológica da consciência, adequando suas expectativas e ações ao estágio de maturidade da criança. É importantíssimo o papel dos pais e educadores, pois da adequação educacional aos estágios do desenvolvimento da consciência dependerão a qualidade das decisões/valores e os princípios éticos dessa criança no futuro.

As crianças são diretas e verdadeiras. E gostam de ser tratadas com lealdade, firmeza e serem levadas a sério. Existem escolas infantis que juntam pais e filhos para resolver os conflitos. Todos falam o que sentem, sem medo e num ambiente de respeito mútuo, mesmo que a verdade doa. Todos saem da conversa sem nada engasgado.

Para educar uma criança assertivamente, é preciso incentivá-la a ter uma percepção clara de seus sentimentos e necessidades e, principalmente, ouvi-la. Assim, ela aprenderá a fazer empatia e a escutar ativamente os outros.

A tomada de consciência é o primeiro passo para a busca da assertividade. Faça uma reflexão sobre as mensagens do passado que até hoje influenciam na sua forma de se relacionar.

> **REFLEXÃO: MENSAGENS DO PASSADO**
>
> Analise a lista de mensagens e verifique quais delas influenciam suas ações atuais.
>
> - ❏ Não discuta comigo
> - ❏ Você não sabe o que está dizendo
> - ❏ Não interrompa os mais velhos
> - ❏ Seja educado com fulana, diga que ela está linda, mesmo que esteja horrível
> - ❏ Cale a boca e escute
> - ❏ Não atrapalhe. Estou ocupada
> - ❏ Bata antes de apanhar
> - ❏ Não deixe ninguém pegar seus brinquedos
> - ❏ Não deixe ninguém passar a perna em você
> - ❏ Homem não chora
>
> 1ª questão — Quais mensagens afetam seu comportamento até o momento?
> 2ª questão — De que forma elas agem em você?
> 3ª questão — Existem outras mensagens que afetam você? Quais?

Se você passou por esse esquema de socialização, deve perceber que essas distorções educacionais afetam sua autoestima, dificultando-lhe encarar os **conflitos** com a normalidade que merecem e impedindo que você utilize uma linguagem verbal e não verbal eficaz. Finalmente, essas mensagens o estimulam a ser mau ouvinte.

Só você pode reverter seu autoconceito, pois uma baixa autoestima é um obstáculo à sua comunicação assertiva. Comece agora.

É preciso quebrar o paradigma da responsabilidade pelos sentimentos do outro. Você é responsável apenas pelo que faz e fala, porque suas palavras e ações estimulam os outros a sentirem certas emoções.

RESPONSABILIDADE PELAS SUAS ESCOLHAS

Para mudar sua profecia e melhorar sua autoestima, tome em suas mãos as rédeas de sua vida e aceite a responsabilidade por suas escolhas.

Cada pessoa deve aceitar a *responsabilidade* pelos seus sentimentos, pensamentos e comportamentos.

"Eu escolho os sentimentos que quero sentir."

Toda ação provoca uma reação. Se você pisar no rabo de um cão, é provável que ele morda. O homem é dotado da inteligência e da razão para diferenciá-lo do animal irracional. Mas muitas pessoas insistem em dispensar o dom precioso da razão, tornando-se vulnerável pelo domínio da emoção.

Outro dia, fui protagonista de uma situação que ilustra bem a escolha dos sentimentos. Estávamos, uma amiga e eu, na secretaria de uma faculdade de pós-graduação. Dirigimo-nos à recepcionista de balcão e perguntamos objetivamente: "O que fazer para colocar uma dissertação de mestrado de outra faculdade na sua biblioteca?"

Ela continuou escrevendo, olhando para o papel, e respondeu: "Não estamos aceitando mais dissertação de outra faculdade." Não me dei por satisfeita e insisti: "Mas por que não aceitam?" Novamente, a recepcionista respondeu laconicamente: "Porque não temos espaço nas prateleiras."

Agradeci e fomos embora. No caminho, a amiga mostrou-se indignada e, esbravejando, perguntou-me como eu podia estar calma com o atendimento péssimo que a recepcionista me dera.

Eu respondi que havia obtido a informação desejada e isso me bastava. Concordei apenas no sentido de a recepcionista precisava ter um comportamento melhor. Mas isso não era suficiente para eu escolher ficar irada. Minha amiga, ao contrário, dominada pela emoção, escolheu a irritação. Esse é um exemplo para mostrar que, diante da mesma situação, as pessoas escolhem como querem se sentir.

Se você já se convenceu sobre a importância da assertividade em sua vida, assuma esse novo paradigma em suas relações interpessoais. Não rejeite suas emoções; use a razão para fazer as melhores escolhas.

4

OS CAMINHOS DO CONFLITO

Agressão e submissão

Uma das maneiras de se entender o ato comunicativo consiste em olhar o processo do seu lado humano. Quando alguém diz que precisa melhorar sua comunicação, é aconselhável que passe a limpo suas relações interpessoais.

Provavelmente, um dos tipos de modificação necessária é a redução do comportamento defensivo.

As defesas aparecem quando uma pessoa pressente um perigo, uma ameaça à imagem que quer preservar diante de si mesma e também aos outros. O medo de ferir sua "imagem" leva uma pessoa a se defender utilizando duas armas: a agressão ou a submissão, dependendo da situação.

Existem pessoas que não fazem suas próprias escolhas para não criar atritos, preferindo a submissão, para obter aprovação e aceitação. Outras fazem suas escolhas e não permitem ao outro fazer as suas. Para estas, o conflito é um mal que deve ser debelado, usando a lei do mais forte.

Os dois percursos, agressão e submissão, levam ao mesmo caminho: o do conflito negativo.

POR QUE EXISTE CONFLITO?

O conflito existe como resultado da afirmação do nosso eu perante o outro. Ao nos posicionarmos, expressamos nossas verdades baseadas em nossa história de vida marcada pelas experiências que vivemos com a família, nossos professores, amigos, religião, enfim, o meio ambiente em que vivemos as mais tocantes experiências. Essas experiências nos ensinaram coisas que hoje valorizamos e em que acreditamos, crenças que nos dão a segurança de tomarmos decisões utilizando critérios de avaliação do certo e errado, do mal e do bem, do bom e ruim.

O conflito é inerente ao ser humano e está presente em nosso dia a dia.

Imagine-se nesta situação:

Você acordou atrasado. Sente-se agitado, pois hoje é o dia da apresentação do seu projeto à empresa. E os conflitos começam logo cedo: Quem tem prioridade para usar o banheiro? Quem faz o café? Quem coloca a roupa para lavar? Depois de algumas negociações familiares, você consegue sair de casa. Mas os conflitos não param por aí.

Você está no trânsito, apressado, e, de repente, um motorista de outro carro, sem pedir licença, entra na sua frente, obrigando-o a diminuir a velocidade e, ainda por cima, quase batendo em seu carro. Como se sente? Aceita o incidente como normal, fica irritado e quieto ou diz alguns desaforos ao motorista?

Depois, você entra num posto para abastecer o carro. Ao entregar seu cartão de crédito, o funcionário do posto não o aceita. Você é obrigado a pagar com o dinheiro reservado para o almoço com um cliente.

Finalmente, chega à empresa. Põe a mão no bolso e constata que esqueceu seu crachá e o segurança não permite sua entrada. Vai perder mais algum tempo na recepção para fazer um crachá de visitante.

Entra e vai direto para a reunião. Respira fundo e inicia a apresentação do seu projeto favorito, cuja implantação depende da aprovação e do comprometimento das pessoas presentes. Durante sua fala, você flagra o gerente do outro departamento olhando frequentemente para o relógio, demonstrando não estar atento às suas palavras. Após sua apresentação, três pessoas concordam totalmente com suas ideias e outras duas, sendo uma aquele gerente que olhava o relógio, fazem objeções a algumas premissas importantes do projeto. Essas discordâncias, se não forem bem discutidas, podem comprometer seu trabalho. Assim, você encara as divergências de opiniões mostrando uma argumentação inquestionável. Sai da reunião e pensa: "Mais uma batalha vencida."

Resolve comprar um sapato. Uma atendente, gentil e prestativa, tira da prateleira muitas caixas com modelos similares ao seu pedido. Você está com dúvida se deve comprar. Olha para a atendente e pensa como dizer que não quer nenhum sem dar-lhe a impressão de ser chato e indeciso. Mais um conflito.

Depois de um dia de trabalho intenso, você encara o trânsito de volta para casa. Toma um banho relaxante, senta-se à mesa com sua família para saborear um jantar delicioso e aconchegante. Toca o telefone. É aquele amigo que gosta de conversar. Você quer ser assertivo e não consegue, pois ele já o envolveu em uma conversa emocional, dizendo que precisa de sua ajuda. Como dizer um não sem se sentir culpado?

É! O cotidiano é marcado por situações conflitantes que nos impulsionam a manifestar nossos sentimentos positivos e negativos, nossas opiniões e nossos desejos.

Considerando que as experiências de vida são únicas para cada pessoa, as relações interpessoais estão impregnadas de um antagonismo de valores e, assim, a possibilidade de choque das nossas verdades com as verdades do outro é frequente.

QUANDO UM CONFLITO É POSITIVO OU NEGATIVO NAS RELAÇÕES INTERPESSOAIS?

Se o conflito prejudica um dos lados, então é negativo. Uma guerra é um conflito que resulta em sérios prejuízos e principalmente em vidas interrompidas.

Por outro lado, uma divergência de opiniões sobre um mesmo problema pode ser salutar. Soluções criativas normalmente são oriundas de polêmicas entre pessoas com ideias diferentes, as quais, analisadas segundo os princípios da cooperação, levam a uma resposta mais eficaz, pois são consideradas as diferentes visões do mesmo problema.

Você pode concluir que o problema não está na existência do conflito, mas na forma de enxergá-lo e administrá-lo.

Saia dessa... Qual comportamento você escolherá para resolver esta situação? (Continuando a situação anterior.)

Você teve aquele dia exaustivo no seu trabalho. Chegou em casa, tomou um bom banho e agora está sentado à mesa, jantando com sua família. De repente, toca o telefone. Alguém de sua família atende, e lhe diz que é aquele seu amigo que liga para você quase todos os dias para conversar. Ele é uma pessoa sozinha, pois sua família mora no interior. Você percebe que ele tem necessidade de conversar e ter amigos. Sua família tem reclamado que, com frequência, você interrompe o jantar para atender esse amigo ao telefone. Você concorda que o horário do jantar não é o mais adequado para receber telefonemas. Como você reage nesta situação?

	COMPORTAMENTOS
A	Você concorda que o horário é inadequado para atender seu amigo com frequência. Você já está ficando irritado com ele, já deu dicas de que o horário não é o mais adequado e ele nem desconfiou... Quer resolver este problema de uma vez por todas. Atende o telefone e lhe diz que ele interrompe seu jantar todos os dias para jogar conversa fora. É melhor ele falar rápido e, nas próximas vezes, ligar em outro horário.
B	Você concorda que o horário é inadequado para atender seu amigo com frequência, mas não tem coragem de dizer-lhe isso, pois tem medo de ofendê-lo. Se você falar, ele pode pensar que você não gosta dele e ficar magoado com você. Por isso, vai atendê-lo como sempre o fez, ou então manda dizer que não está. Pede para seu familiar inventar uma desculpa.
C	Você concorda que o horário é inadequado para atender seu amigo com frequência. Pensa que já é hora de resolver o problema. Você não é do tipo que fala direto, por isso usa a brincadeira como uma forma mais amena de dizer uma coisa que está lhe incomodando. Atende e pergunta: "Você tem bola de cristal? Adivinhou que eu estava jantando, e ligou só para eu não engordar, não é? Isso que é amigo." O outro, constrangido, pede desculpas e diz que ligará mais tarde. Você concorda com isso e ambos desligam o telefone.
D	Você concorda que o horário é inadequado para atender seu amigo com frequência. Pensa que isto está lhe causando problemas familiares, mas o amigo não tem culpa, pois não sabe do ocorrido. Decidido a resolver este problema de uma vez por todas, atende o telefone, cumprimenta seu amigo, procura saber se o assunto de hoje é urgente. Se for, você ouvirá e, ao final da conversa, falará a ele que, nas próximas vezes, deve procurar ligar em outro horário, pois das 19 às 20 horas sua família costuma se reunir para jantarem juntos e que você não gosta de interromper esse momento, que lhe é precioso. Você sugere a ele ligar após as 20:30 horas.

Confira a seguir qual é o tipo de comportamento em cada alternativa.

Se você age de acordo com a **alternativa A**, é bem provável que esse amigo não telefonará mais para você, pois sua escolha é um comportamento agressivo. Vê o conflito como uma guerra em que um tem de vencer e outro tem de perder. Torna-se defensivo e usa a raiva para controlar a situação. Dessa forma, consegue manipular e desprezar os sentimentos dos outros. Usa principalmente a expressão "Eu estou certo".

Se sua escolha é a **alternativa B**, você terá a cada dia mais problemas, pois você escolheu agradar ao amigo e desagradar a você e à sua família. É o comportamento passivo. Vê o conflito como algo maléfico às relações e, por isso, quer sair logo da situação. Sua tendência é concordar rapidamente, em detrimento dos seus direitos; assim, é facilmente manipulado pelo agressivo. Em nenhum momento mostra irritação. Usa expressões como *"Você está certo"*, *"concordo com você"*.

Se sua forma de reagir é a **alternativa C**, seu amigo deve ter ficado constrangido e sem saber se está agradando ou não. É o comportamento passivo/agressivo que não se exprime com clareza e objetividade, normalmente utilizado quando a invasão do outro nos incomoda, mas não conseguimos fazer valer nosso direito de explicitar nosso sentimento. Eu diria que é um sapo que não foi bem digerido e está arranhando a garganta.

Mas, se sua forma de agir se assemelha à **alternativa D**, é bem provável que você terá muitos jantares agradáveis com sua família, sem perder o amigo. O comportamento assertivo é o mais adequado para resolver o problema definitivamente, sem ferir os interesses das partes envolvidas.

A assertividade ajuda você a lidar melhor com os **conflitos** e a evitar o **impasse,** dois aspectos que se não forem bem trabalhados, podem comprometer os resultados das comunicações pessoais e profissionais.

Teste novamente sua assertividade

Você soube por terceiros que um fulano de outra área anda falando mal de você, colocando em dúvida sua competência. Você está revoltado, pois é um absurdo a pessoa não lhe falar diretamente, preferindo fazê-lo pelas costas. O que você pretende fazer? Escolha a alternativa que mais pareça com seu jeito de agir.

COMPORTAMENTOS	
A	Toda vez que conversar com ele, a sós ou em público, ficará "dando indiretas" a respeito de pessoas fofoqueiras. Quem sabe, ele se toca.
B	Aproveitará quando ele estiver perto de pessoas que não gostam dele para colocá-lo contra a parede, pedindo satisfação das fofocas. Você vai aproveitar para dizer em público os pontos fracos dele. É a única forma de resolver o problema com uma pessoa maldosa.
C	Ignorar o caso, fingir que não sabe nada. Esses assuntos são muito desagradáveis e as coisas podem piorar.
D	Procurar uma oportunidade para estar a sós com ele e dizer-lhe sobre o seu descontentamento pelas conversas a seu respeito. Se ele tentar desmentir os outros, não dará ouvidos; dirá que, se tiver algo contra seu desempenho, seria bom marcarem uma reunião para acertar as expectativas. Agradecerá a oportunidade e se retirará.

RESPOSTAS	
Escolha A — Passivo agressivo	Escolha C — Passivo
Escolha B — Agressivo	Escolha D — Assertivo

Teste sua assertividade em outra situação

Você está parado no semáforo (sinaleira ou farol) em sua cidade. Um garoto para ao seu lado e insiste para você comprar seus docinhos. Você não quer comprá-los. Qual é sua tendência?

COMPORTAMENTOS	
A	Dar uma bronca nele e dizer que já comprou seus docinhos em outro dia.
B	Comprar rapidinho e ficar livre do garoto.
C	Dizer apenas obrigado. Se ele insistir, você dirá não, obrigado, até ele desistir ou o semáforo ficar verde.
D	Fechar o vidro e fingir que o garoto não existe.

RESPOSTAS	
Escolha A — Agressivo	Escolha B — Passivo
Escolha C — Assertivo	Escolha D — Passivo agressivo

Se você foi sincero e respondeu como realmente age, fugindo da tentação de responder o que considera o mais adequado, parabéns.

Se sua escolha é a alternativa da postura assertiva, considere-a como um indicador de sua maturidade.

Se sua escolha recaiu em uma das outras três alternativas, considere que você está usando um comportamento defensivo. A indagação que você deve se fazer é: Defende-se do quê? Por quê?

DOMINANDO OS FRACOS E ATACANDO O INIMIGO: INCORPORANDO O COMPORTAMENTO AGRESSIVO

Sentimento básico do comportamento agressivo:
Minhas verdades são óbvias e únicas e, se eu abrir mão delas, perco o controle da situação.

Esse paradigma condiciona o comportamento agressivo a enxergar seus interlocutores, sob dois focos: (1) Pessoas fracas fazem escolhas ruins e são incompetentes. Alguém tem de escolher e decidir por elas; (2) Pessoas que contrariam minhas verdades são inimigos, portanto é preciso neutralizar suas forças.

Se você escolheu esta alternativa, é interessante saber o que é uma agressão na comunicação humana, as características de um comportamento agressivo, quais são os tipos, por que as pessoas agridem com a intenção de se defender dos outros e como a agressão impacta no meio ambiente. Mas, se você não escolheu esta alternativa, é conveniente continuar a leitura para lidar assertivamente com o comportamento agressivo.

O QUE É UMA AGRESSÃO

Considera-se agressão todo ato percebido pelo receptor como invasivo ao seu "território" ou espaço vital físico e psicológico. Uma invasão vai desde uma fala monopolizadora, passando pela rigidez no ouvir, pela frieza no tratamento interpessoal, um elogio gratuito percebido como sedução, uma promessa não cumprida, o uso de seus pertences pessoais sem sua autorização, até chegar a uma agressão física, de fato.

Para que servem vasos de plantas, arquivos, biombos, objetos sobre a mesa de trabalho? Além de sua razão de ser, esses objetos possuem também a função de delimitar territórios físico e psicológico. Ao delimitarmos nosso território, estamos dizendo aos outros "Aqui eu tenho poder", lembrando a todos que devem pedir licença para entrar em nosso território. Território significa segurança e poder.

Eis alguns exemplos de invasão de território físico: sem minha autorização, alguém usa minhas coisas, senta na cadeira, usa o telefone e abre a gaveta. Em casa, alguém da família usa seu carro emprestado sem sua autorização, pega seus objetos pessoais... São comportamentos que nos deixam, muitas vezes, irritados.

Vejamos exemplos de comportamento de invasão de território psicológico: alguém toma a frente e faz algo que é de nossa responsabilidade, uma observação sobre nosso trabalho com o sentido de crítica depreciativa (no nosso ponto de vista, é claro) etc.

Quando uma pessoa se sente invadida, seja no seu território físico, seja no psicológico, pode se sentir ameaçada e, nesse caso, a tendência será criar resistência ao invasor, podendo manifestar esse sentimento de várias formas: sonegando informações, tornando-se indiferente ao problema de trabalho do "invasor", deixando de cooperar e, finalmente, podendo adotar uma postura defensiva, numa negociação com ele, caminhando para o conflito destrutivo, e não para a solução do problema.

No trabalho, quando há "disputa territorial" entre seus funcionários, as energias individuais são mal direcionadas e a empresa paga o alto preço nos seus resultados finais.

Para abrirem seus territórios (portas abertas), as pessoas precisam se sentir confortáveis, não-ameaçadas e confiantes. Quando isso acontece, as pessoas se sentem mais próximas umas das outras, mais seguras, a comunicação é fluida e o poder se desloca para o compartilhamento de informações.

O importante é identificarmos os territórios alheios e, mediante uma postura de parceria, conseguirmos, uns dos outros, a licença mútua para adentrarmos, respectivamente, no espaço alheio, o necessário para construirmos as bases de uma relação produtiva.

Em um processo de comunicação, a mensagem básica da agressão é:

"Isto é o que eu penso — é um absurdo você pensar diferente."
"Isto é o que eu sinto — seus sentimentos não importam."
"Isto é o que eu quero — o que você quer não é importante."

CARACTERÍSTICAS DO COMPORTAMENTO AGRESSIVO

Ao adotar o comportamento agressivo, uma pessoa expressa seus desejos e necessidades de maneira negativa e hostil, na medida em que não considera os direitos do outro. O comportamento agressivo sempre tem o objetivo de vencer, depreciando e ignorando o outro. Não é bom ouvinte, pois não considera as opiniões do outro. Não é empático e envolvente, porque não considera os sentimentos do outro. É intolerante e impaciente com as necessidades do outro. O que basicamente caracteriza o comportamento agressivo diante do conflito é a **luta**; por isso, o conflito, seja de ideias, de interesses ou de poder, é uma guerra que sempre terá um ganhador e um perdedor. A postura agressiva dá ao agressor a sensação de maior poder e, assim, sente-se superior aos outros.

Principais tipos de comportamentos agressivos:

- **Impositor** é aquele que busca o consentimento do outro pelo medo. Para conseguir o seu objetivo, utiliza ameaças que envolvem alguma perda para o agredido e, assim, neutraliza suas forças e resistências.

Exemplo de conversa do pai com o filho adolescente: "Se você não for aprovado na escola, ficará de castigo um ano."

Exemplo de conversa do chefe com o funcionário: "Se você não vier para hora extra, será demitido."

- **Rebelde** é aquele que tem o espírito de denúncia, ou seja, que expõe as pessoas a situações embaraçosas.

Exemplo de conversa da esposa denunciando o marido diante da família: "Por que você não fala aos cunhados o que me disse em casa?"

- **Do contra** é aquele que contradiz tudo e todos. Normalmente, ele não escuta bem e coloca objeções às ideias dos outros, como uma forma de mostrar seu poder de influência.

Exemplo de conversa entre dois amigos. Um amigo interrompe a fala do outro dizendo: "Não concordo com essa ideia, pois ela resolve apenas metade do problema. A minha ideia é a seguinte..."

- **Sabotador** de ideias e pessoas é aquele que desvaloriza tudo e todos destruindo as ideias alheias.

Exemplo de conversa de dois colegas em uma reunião de trabalho: "Ah, isso não vai dar certo! Essa ideia já foi implantada antes e só deu prejuízo. Aliás, suas ideias são sempre ultrapassadas. Você precisa se atualizar."

- **Vingador** é aquele que guarda rancor e, num dado momento, prejudica a pessoa que ele culpa por sua mágoa.

Exemplo de conversa de dois colegas de trabalho: "Você lembra que dois anos atrás eu não fui promovido por sua culpa? Pois agora chegou a minha vez de impedir sua promoção."

- **Pretensioso,** por sua vez, esmaga o outro com seus conhecimentos.

Exemplo de conversa entre um colega que terminou a faculdade e o outro que não estudou, apesar de ser inteligente: "Acho sua ideia até boazinha, mas, da última vez em que estive viajando ao exterior, adquiri um conhecimento sobre o assunto e assim posso dar um 'upgrade' nos seus conhecimentos. Preste atenção..."

- **Susceptível** é aquele que não suporta ser contrariado. Tem dificuldade em aceitar o NÃO do outro.

   Exemplo de conversa de uma pessoa suscetível: "O quê??? Você não quer almoçar comigo hoje? Só porque não almocei com você na semana passada, agora você quer me dar o troco?"

O QUE LEVA UMA PESSOA A SE TORNAR AGRESSIVA?

O agressivo adota atitudes de ataque quando sente:

- **Frustrações acumuladas**

   Uma pessoa que se sentiu impotente ao ver suas opiniões, seus sentimentos e suas necessidades frequentemente menosprezados e seu território frequentemente invadido, chega a um ponto de intensa revolta, decidindo por se defender agressivamente contra o mundo agressor.

- **Medo latente**

   O comportamento agressivo pode ser adotado em função do medo de ser esmagado numa relação direta com o outro. Esse medo pode ser consequência da falta de confiança e da não aceitação de suas próprias características pessoais.

- **Desejo de vingança**

   Quando um relacionamento do passado fica mal resolvido, a raiva contida e não extravasada no momento do acontecimento pode se transformar em rancor e desejo de vingança. Quando o agredido se sente fortalecido e superior ao agressor, é o momento propício à vingança. E, tenha certeza, é maligna.

CONSEQUÊNCIAS DO COMPORTAMENTO AGRESSIVO NAS RELAÇÕES INTERPESSOAIS

A agressividade conduz a relacionamentos difíceis e pessoas com esse comportamento tornam-se indesejáveis, ocasionando seu isolamento nas relações interpessoais. Ninguém tem prazer em se relacionar com pessoas agressivas. Além disso, o comportamento agressivo convida e estimula respostas também agressivas.

Pais agressivos educam os filhos a não serem assertivos; ao contrário, ensinam-lhes a resolver as situações difíceis do dia a dia de forma violenta e desrespeitosa.

Na vida profissional, pessoas agressivas perdem a confiança dos colegas, ficam isoladas, arrumam inimigos, criam relações conflitantes e a situação-problema, razão principal da comunicação, não é resolvida efetivamente.

Vou relatar um episódio narrado por um participante, protagonista e vítima da agressividade do chefe, em um dos nossos workshops.

Carlos, gerente de análise de crédito de uma grande empresa, estava reunido com sua equipe. O grupo estava sentado ouvindo o gerente quando, de repente, entra o diretor, com um papel na mão e, aos gritos diz a Carlos:

— Carlos, isso é relatório que se apresente? Eu já disse que eu não quero ter esse tipo de cliente. Análise malfeita. É isso que você ensina à sua equipe?

Amassou o papel e o jogou no chão, em direção a Carlos. Virou as costas e saiu da sala deixando-o atônito, sem oportunidade de defender os critérios da análise feita, comprovando que estava correta.

O clima ficou tenso e silencioso. Carlos pediu desculpas à equipe, encerrou a reunião e, de cabeça baixa, saiu da sala envergonhado e humilhado. No dia seguinte, foi para o workshop. Carlos resolveu contar seu problema ao grupo, que o ajudou a encontrar uma forma de comunicação assertiva para falar com seu chefe, logo que chegasse à empresa. Tivemos notícia de que ele se saiu muito bem e resgatou sua autoestima e o respeito da equipe. O que ele fez? Aplicou os conceitos que estão escritos neste livro. Utilizou as ferramentas que estão nos Capítulos 7 e 8.

Você ficou surpreso? Essa cena ainda é comum nas empresas, nas famílias, nos relacionamentos de marido e esposa e, principalmente, em situações de compra e venda no mercado consumidor.

Muitos outros casos parecidos foram contados em nossos workshops, sendo que alguns estão sendo aqui narrados.

Uma pessoa agressiva normalmente fica envergonhada depois de se exaltar e provocar uma cena constrangedora como a do caso narrado, mas dificilmente pede desculpas. Vai se fechando e, gradativamente, se isola das pessoas ou, então, é isolado. Por tudo isso, não consegue ter amigos e relacionamentos duradouros.

Suas interações entram num círculo vicioso: ela agride, o outro reage agressivamente; ela continua agredindo, agora para se defender, caso contrário, o outro a vencerá. A vida torna-se uma batalha, e o agressor não quer ser classificado como perdedor. Suas relações normalmente são tensas, se deterioram e terminam com o afastamento definitivo entre as partes.

E OS AGREDIDOS, COMO SE SENTEM E REAGEM?

Normalmente, diante da agressão, nos sentimos ameaçados, amedrontados, com raiva e ressentidos. Se não formos assertivos, a primeira coisa que vem à cabeça é: quem é ele, qual é o seu poder de influência e o que posso perder se reagir? Se concluirmos que ele é ousado demais e que não está com esse poder todo, é bem provável que reajamos com mais agressão; se a conclusão for que ele é mais forte do que nós, é mais provável que seremos passivos, pelo menos naquele momento. Quando a humilhação é grande, o desejo da vingança maquina estratégias dentro de nós. É o efeito bumerangue: o que vem volta.

Alguns reagem agressivamente também, chegando, às vezes, à agressão física. Outros reagem passivamente às agressões sofridas, pois não se sentem em condições de retrucar no mesmo nível como gostariam. Eles se submetem à humilhação até conseguirem escapar das garras do agressor. É um alívio quando podem dizer ao opressor:

— Chega, a partir de agora estou fora. Não preciso mais de você e nem de suas humilhações.

Conheço pessoas que se submeteram durante toda a sua vida profissional às humilhações de um chefe autoritário e não desistiram do relacionamento, com medo de perder o emprego, sempre utilizando uma linguagem parecida com os exemplos a seguir:

— Sim senhor!

— Desculpe-me se estou atrapalhando.

— O senhor tem um minuto só, para mim?

— Como o senhor quer que eu faça esse relatório?

— Posso sair mais cedo, pois estou doente?

Com o tempo, o motivo principal passou a ser outro, ou seja, sua autoconfiança se tornou tão ruim que eles não saíam mais da situação porque não se sentiam competentes para concorrer a um novo posto de trabalho.

Um terceiro grupo pode reagir como passivo-agressivo, ou seja, na frente do chefe ele é passivo e bonzinho, e longe de seus olhos, fala mal, mostra-se irônico e sarcástico, dizendo aos colegas coisas parecidas como:

— Olhe só o general, ele se acha o tal, hein!

— Cuidado com a cobra, vai se acostumando que ela morde todos os dias.

— Aqui manda quem pode, obedece quem tem juízo.

Mas existem aqueles que reagem assertivamente expressando seus sentimentos negativos e colocando limites ao agressor. Com agressões muito invasivas, é preciso ser firme, não ter medo do outro, e principalmente não julgar e nem culpar o agressor, e sim assumir seus sentimentos. Como se faz?

Veja como Márcia afirmou seu eu diante de uma agressão do marido.

Confira o exemplo
Durante um encontro com amigos, seu marido disse que Márcia não sabia educar os filhos, não cuidava bem da casa porque dormia até tarde. Distante dos amigos, ela disse ao marido:
Márcia — Eu me sinto diminuída quando você expõe nossa intimidade em público. Não gosto de ser tratada com depreciação. Se você está descontente, vamos conversar e entrar num acordo. Tentarei atender às suas expectativas.
Marido — Desculpe-me, não havia percebido que você ficou magoada. Acho que devemos conversar sobre nossas expectativas mútuas.

BUSCANDO A HARMONIA E EVITANDO OS CONFLITOS: INCORPORANDO O COMPORTAMENTO PASSIVO

O QUE É UMA SUBMISSÃO
É um estado de permissão e de dependência. A submissão é um estado de cumplicidade com seu algoz. É submeter-se à vontade do outro, acreditando que, ao se colocar em suas mãos, sendo harmônico e não criando dificuldades, a outra pessoa será condescendente também com suas necessidades, o que normalmente não acontece. Assim, o passivo se torna fragilizado, sem poder de controle sobre sua própria vida.
Em um processo de comunicação, a mensagem básica da submissão é:
"O que quer que eu pense não é importante para você."
"O que eu sinto não tem importância."
"O que eu quero não conta."

CARACTERÍSTICAS DO COMPORTAMENTO PASSIVO

Ao adotar o comportamento não assertivo, tanto no papel de emissor quanto no de receptor, a pessoa não expressa suas necessidades, pensamentos e sentimentos, permitindo que os outros a determinem. Sente-se impotente e frustrada por não alcançar seus objetivos. Dessa forma, a experiência negativa derruba sua autoconfiança e autoestima, comprometendo seu autorrespeito e fazendo com que perca o respeito dos outros.

Quando, em um processo de comunicação, o emissor assume a comunicação passiva, seu receptor o deprecia e atinge os objetivos à sua custa.

Wilhelm Reich mostra como o Zé-Ninguém que existe dentro de cada um de nós sofre, se rebela, valoriza seus inimigos, destrói seus amigos e faz mau uso do poder, quando o tem. Vejamos algumas falas de Reich sobre o Zé-Ninguém:

Um Zé-Ninguém não sabe quando e de que forma ele é um Zé-Ninguém. Não sabe que é pequeno e tem medo de saber. Esconde sua insignificância e estreiteza por trás de ilusões da força e da grandeza de alguma pessoa. Sente orgulho de seus generais, mas não de si mesmo.

Admira uma ideia que não teve, não uma ideia que teve.
Seu feitor é você mesmo. Ninguém tem culpa da sua escravidão, a não ser você mesmo. Você já teria se livrado dos seus opressores há muito tempo, se não tivesse aprovado a opressão e lhe dado tanto apoio direto.

A pessoa passiva tende a pensar na resposta depois de passada a oportunidade. Fica, normalmente, ressentida consigo, com a sensação altamente desconfortável de "ter engolido mais um sapo".

O que basicamente caracteriza o comportamento passivo diante do conflito é a **FUGA**.

Mais um sapo!!!

PRINCIPAIS TIPOS DE PASSIVOS

- **Bloqueador** — é aquele que demonstra pessimismo e resistência em aceitar uma mudança, por medo de ser incompetente.
  Exemplo: "Ah, isso não vai dar certo."
- **Procrastinador** — é aquele que deixa tudo para depois. Sua vida é uma eterna crise, confirmando seu sentimento de incompetência.
  Exemplos: "Amanhã eu faço", "Agora não posso conversar com você. Vá fazendo como você sabe, depois conversaremos".
- **Observador** — é aquele que não se posiciona, prefere ouvir e fazer o que os outros decidem.
  Exemplo: Quando é cobrada sua participação, ele diz: "Não tenho nada para dizer, eu prefiro observar, eu aprendo mais."
- **Amável e concordante** — é aquele educado, permissivo, que concorda com tudo que o outro diz. A sensação é que ele não tem opinião própria, pois normalmente acha a ideia do outro tão adequada que dispensa seus próprios comentários.
  Exemplo: "Sua ideia é ótima, não tenho nenhuma ideia, concordo e farei como você pediu."
- **Vítima** — É aquele que reclama de tudo, coloca-se no papel de vítima, fazendo o outro se sentir culpado.

Exemplos: "Tudo acontece comigo", "Eu não sou culpado pelo prejuízo, eu fiz o que você pediu".

O QUE LEVA UMA PESSOA A SE TORNAR PASSIVA?

O passivo adota atitudes de fuga por algumas razões:

1. Acredita realmente que o outro tem mais poder do que ele próprio.
2. Desvaloriza a própria capacidade para resolver um problema.
3. Tem necessidade de ser apreciado, evitando, a todo custo, os conflitos. Seu foco é a harmonia como meio de ser aceito pelo outro.
4. Foi muito reprimido ao longo da vida ou teve experiências ruins e decide assumir a passividade como meio de sobrevivência.

REAÇÕES DAS PESSOAS DIANTE DO COMPORTAMENTO PASSIVO

As pessoas não confiam na competência da pessoa passiva porque sua comunicação verbal e não verbal transmite insegurança.

Como o passivo diz sim para as pessoas, em geral, sua vida se torna uma crise, com o tempo saturado e mal utilizado. Em função do excesso de tarefas assumidas, normalmente não consegue terminá-las no prazo, o que vem reforçar, por um lado, seu sentimento de incompetência e, por outro, a desconfiança das pessoas.

CONSEQUÊNCIAS NAS RELAÇÕES INTERPESSOAIS

O passivo usa sua inteligência para traçar estratégias de fuga das situações e dos problemas, manifestando raramente suas opiniões, sentimentos e necessidades. Por essa razão, duas consequências devem ser levadas em conta: (1) as pessoas não conhecem suas qualidades e competências e (2) ignoram sua presença e, portanto, ele não é requisitado a opinar em situações relevantes. O não conhecimento de suas competências e necessidades leva-o a se ressentir, pois torna-se alvo de manipulações e agressões.

Como o passivo tem dificuldade de dizer NÃO, mesmo contra sua vontade assume responsabilidades, na maioria, dos outros. Nesse ponto de vista, ele é explorado em suas relações interpessoais.

É ignorado e sua opinião não é ouvida, o que estimula uma autoestima baixa.

MANIPULANDO OS FRACOS E FUGINDO DO INIMIGO: INCORPORANDO O COMPORTAMENTO PASSIVO/AGRESSIVO

O QUE É PASSIVIDADE COM AGRESSÃO

Varia entre o passivo e o agressivo; há uma ansiedade em acertar contas sem correr riscos de confronto.

Sua passividade se faz presente na medida em que não tem coragem de confrontar as pessoas para resolver seus próprios conflitos. Sua agressividade surge na medida em que acredita ser necessário vencer o outro, seja qual for o meio a ser utilizado.

Em outras palavras, o passivo/agressivo é aquele que não reage frontalmente, mas também não consegue engolir o sapo, que fica entalado na garganta.

CARACTERÍSTICAS DO COMPORTAMENTO PASSIVO/AGRESSIVO

Evidencia-se, principalmente, pelo seu jeito manipulador de usar as pessoas para atingir seus objetivos. É superficial em suas relações interpessoais. Não se envolve com as pessoas nem com as situações. Tende a desvalorizar a inteligência do outro, por pensar que este não percebe seu comportamento manipulador. É pouco transparente em sua comunicação. É fácil identificá-lo, pois normalmente se apresenta com um humor sarcástico, faz chantagem emocional, faz o outro se sentir culpado, distorce as palavras do outro e fala por indiretas. Desvaloriza as pessoas por meio desse humor sarcástico. Em resumo, ele sabe o que quer, mas não tem coragem de fazer valer sua vontade, amargando uma raiva que, por sua vez, se transforma em ironias e sarcasmos.

PRINCIPAIS TIPOS DE PASSIVO/AGRESSIVO = MANIPULAÇÃO

- **Sedutor** — é aquele que faz elogios falsos, foca os pontos fracos da pessoa, pratica troca de favores e finge ser honesto. Manipula a situação a seu favor.
  Exemplo: Gerente falando com a secretária do diretor, jovem insegura quanto à sua beleza.

  — Carla, o que você fez com seu cabelo? Está lindo. Você parece uma artista de TV.

  Após deixá-la lisonjeada, ele fala em tom de sedução:

  — Carla, eu preciso de uma pequena ajuda. Coloque meu relatório na frente dos demais. Quando eu voltar da viagem, trago-lhe uma lembrancinha.

- **Conspirador** — é aquele que coloca as pessoas umas contra as outras, alimentando intrigas e mentiras. Esse tipo cria atritos entre as pessoas para atender seus próprios interesses. Finge ser amigo para despertar credibilidade acerca de suas intrigas.
  Exemplo: Sara não gosta de dividir o marido com seus cunhados e sogra. Sente-se excluída da família dele. Como não consegue expressar diretamente seus sentimentos, por medo de ser criticada pelo marido, utiliza o método da conspiração para separar o marido de sua família e ficar mais tempo com ela.

Entre várias conspirações, insinua ao marido que o cunhado é sedutor e invasivo com ela.

- **Salvador** — é aquele que deprecia sua vítima, ao mesmo tempo em que finge ser salvador.
Exemplo do marido que não se sente apreciado pela esposa e tem medo de perdê-la; sem coragem para expressar sua insatisfação, ele desempenha o papel de salvador:

— Querida, você não tem experiência na cozinha e nem na coordenação da casa. Mas não tem importância, eu gosto de você mesmo assim. Vou arrumar uma empregada para ajudá-la e, assim, você pode ir para a academia, para perder uns quilinhos. Eu amo você do jeito que é.

MOTIVOS DA PASSIVIDADE/AGRESSIVIDADE

Uma pessoa que normalmente adota este comportamento não aprendeu a confiar nas pessoas e deve ter sido educada num ambiente em que a manipulação era um método bastante utilizado para alcançar objetivos.

REAÇÕES DAS PESSOAS QUE SÃO VÍTIMAS DO COMPORTAMENTO PASSIVO/AGRESSIVO

As pessoas ficam com o pé atrás, principalmente quando desmascaram o "jogo manipulativo" do passivo/agressivo. As pessoas se sentem ameaçadas, zangadas e inseguras, afastando-se da convivência com esse tipo. Se forem obrigadas a conviver com ele, entram no jogo e fingem que acreditam nele.

CONSEQUÊNCIAS NAS RELAÇÕES INTERPESSOAIS

O passivo/agressivo, usando seu jeito sedutor e manipulador, consegue despertar confiança nas pessoas. Mas, com o passar do tempo, ele acaba sendo desmascarado em suas intenções, perdendo credibilidade.

Dono de uma linguagem indireta, consegue deixar as pessoas confusas quanto às suas reais intenções. Depois de ele atingir seus objetivos, normalmente as pessoas perdem a confiança que tinham e se sentem usadas por ele.

O QUE O CORPO FALA

Como você sabe, o corpo fala todo o tempo e, normalmente, fala a verdade, pois, enquanto ocupamos nossa mente com o controle do que estamos dizendo, nosso corpo fica livre para expressar os sentimentos verdadeiros sobre a situação.

O corpo, por meio dos gestos de braços, pernas, mãos, cabeça, envergadura do tronco, expressa concordância e discordância ao nosso interlocutor.

Para entendermos o sistema de valores do outro e com ele entrarmos em sintonia, precisamos ouvir mais, além das palavras, e conhecer como a agressividade, a passividade e a assertividade se revelam pela expressão corporal e territorial.

Nos nossos workshops, é comum pessoas perguntarem se uma agressão sempre é expressa por um tom de voz alto, sarcástico ou arrogante. Nem sempre. Às vezes, uma fala mansa, em tom baixo e sem sarcasmo, é percebida pelo receptor da mensagem como agressão, pela frieza e excesso de negação, deixando o receptor frustrado.

AGRESSIVO (dominador)	PASSIVO (dominado)
Tom de voz Tom de voz alto, sarcástico, arrogante, insolente e condescendente.	**Tom de voz** Manso, baixo, tímido, voz trêmula, comprimida no tórax, ansioso, angustiado e inseguro.
Postura corporal Linguagem corporal intimidativa. Nervoso, rígido, firme, retesado, impaciente, dedos em riste, batidas de pé, soco na mesa, peito erguido, braços para trás e olhar por cima, fixo no do outro, mãos na cintura etc.	**Postura corporal** Linguagem corporal de submissão. Vergado, ombros caídos, mostrando insignificância, olhar baixo, sem se fixar no olhar do outro, baixo tônus vital.
Expressões faciais Frio, zangado, ameaçador, carrancudo, olhos arregalados.	**Expressões faciais** Cabeça e olhos abatidos, tímido, acanhado e inseguro.
Mãos e braços Dedos em riste, movimentos agressivos e acelerados e tremor nas mãos	**Mãos e braços** Mãos nervosas, movimentos de retorcer, mãos juntas no meio das pernas.

Quando adotar e não adotar os comportamentos defensivos

COMPORTAMENTOS	ADOTAR	NÃO ADOTAR
Passivo	■ Quando o custo do confronto for maior do que os benefícios ■ Quando estiver sob ameaça física.	■ Quando o resultado proveniente do confronto for melhor, a passividade pode custar caro.
Agressivo	■ Em situação de crise e quando o resultado do confronto for uma questão de sobrevivência.	■ Em qualquer outra situação.
Passivo/Agressivo	■ Em nenhuma situação. Esse comportamento é sempre altamente prejudicial.	■ Em nenhuma situação. Esse comportamento é altamente prejudicial.

Chegamos ao final deste capítulo, esperando que você tenha se sensibilizado para os problemas causados na comunicação humana pela linguagem do conflito: agressão e submissão.

Você deve ter percebido que os três comportamentos aqui analisados são mecanismos de defesa que utilizamos como máscaras de sobrevivência. Ao assumi-los, acreditamos que, em razão da nossa fragilidade, precisamos fugir ou atacar o inimigo. Esse inimigo está dentro de você. Por isso, se você está resolvido a adotar a filosofia da assertividade, lembre-se de que a negociação dos limites começa de você para você.

5

REVENDO SUA AUTOESTIMA

Olhe-se no espelho! O que vê?

A autoestima é a base do comportamento assertivo. A autoestima equilibrada permite o estabelecimento de relações interdependentes, a naturalidade em mostrar seu **eu real** e a coragem para defender seus direitos como ser humano.

É recompensador afirmar um eu que a própria pessoa admira e pelo qual sente orgulho.

Ao contrário, a autoestima baixa torna-se um freio da espontaneidade e da naturalidade, direcionando seu detentor ao medo desenfreado, às relações de dependência e ao uso de defesas para mascarar o seu **eu real**, a fim de obter a aceitação das pessoas.

É difícil afirmar um eu que a própria pessoa não considera respeitável.

O comportamento assertivo depende da autoconfiança, e o grau de segurança é proporcional ao grau de autoestima da pessoa. Assim, se você não está técnica e psicologicamente preparado e seguro para encarar uma situação-problema, torna-se um forte candidato a perder sua assertividade e desenvolver mecanismos de defesa: de ataque ou fuga do problema.

A BUSCA DO EU IDEAL

Todos nós idealizamos um EU. O eu ideal é tudo aquilo que desejaríamos ser para ter sucesso na vida pessoal e profissional. Possuir o eu ideal é sinônimo de felicidade.

O **eu ideal** toma corpo e adquire vida dentro de nós, provavelmente, influenciado por dois fatores:

- As **estruturas sociais** que cuidaram de nossa socialização, educando-nos para um comportamento adequado aos padrões culturais do grupo social ao qual pertencemos. Um pequeno exemplo: conheço um rapaz que, quando fica com raiva, se isola para expressá-la. Indagado, ele respondeu que se sente envergonhado de demonstrar suas emoções diante das pessoas, pois, quando era criança, essa emoção foi várias vezes reprimida pelos pais. Aprendeu que a raiva (sentimento) e sua manifestação pelo choro (comportamento) caracterizam um eu fraco e negativo. Quando fica com raiva de alguém, sente-se culpado, pois contraria seu eu ideal.

- As nossas **experiências de sucesso e de fracasso**, nas quais avaliamos nossa competência para controlar a situação vivida. Um pequeno exemplo: conheço uma mulher obcecada pela estética física. Quando engorda um quilo, para de comer. Indagada sobre essa neurose, ela explicou que, na infância, foi uma garota obesa que perdia velocidade nos jogos infantis. Por essa razão, era frequentemente rejeitada no time das amigas, sendo normalmente a última opção de escolha. Cresceu com o sentimento de rejeição, associado ao estado de obesidade. Por conseguinte, tornou-se uma adulta cujo credo é: "Para ser aceita e querida é preciso ser esbelta e elegante." Essa crença está registrada no **eu ideal** da mulher.

Essas e outras mensagens vão alimentando o eu ideal. Dos valores e crenças, provenientes das experiências de vida e dos ensinamentos oferecidos por essas estruturas sociais, retiramos os ingredientes do perfil do eu ideal.

Esses ingredientes ficam registrados em nossa mente e aparecem naquela voz interna que nos orienta, dizendo se estamos dentro ou fora do perfil do **eu ideal**. Às vezes, a voz interna faz críticas porque estamos fora do perfil; outras vezes, ela nos reforça positivamente por correspondermos ao nosso eu ideal.

O pensamento é, então, essa voz interna que fala conosco todo o tempo. O conteúdo de sua fala pode ser agradável ou desagradável, bom ou ruim. Vai depender de seu autoconceito. Mas uma coisa é certa. O sentimento de insatisfação pessoal toma conta de nós, quando a voz interna informa que o nosso eu real está diferente do eu ideal.

A **voz interna crítica e destruidora** impede a pessoa de contatar suas próprias forças do eu real e normalmente diz:

- Você não vai conseguir.
- Se você tentar, vai quebrar a cara.
- Você já passou por isso e viu no que deu.

- Você é ridículo.
- Você não sabe o que faz.
- O outro é melhor que você.
- Não se inclua, seu intrometido.
- Você é insignificante, é melhor não contar suas coisas.

A **voz interna amiga e verdadeira** é madura e tem o dom da ponderação. Estimula o contato com as fraquezas e fortalezas, as ameaças e oportunidades do eu real. Quando diz para recuar, baseia-se no bom senso. Faz críticas e elogios. Normalmente diz:

- Vá em frente. Sei que vai conseguir.
- E por que não tentar?
- Se você errou, não tenha vergonha.
- Esforce-se, estude.
- Peça ajuda para você não quebrar a cara.
- Ponha a raiva para fora.

Pois é, a voz interna nada mais é do que nossos pensamentos e sentimentos sobre nós mesmos. A qualidade da voz interna reflete a reputação que criamos de nós mesmos.

A autoestima é resultado do **conceito** que tenho de mim, ou seja, o que penso e sinto sobre mim mesmo, da **confiança** que deposito em mim, manifestada pela expressão "Eu confio no meu taco", e do **respeito** que tenho pelo meu eu real, admirando minhas fortalezas e tendo compaixão pelas minhas fraquezas.

Além disso, a autoestima também é influenciada pelas opiniões de outras pessoas importantes para o eu real. O feedback verdadeiro e amoroso dessas pessoas é sempre bem-vindo para aumentar seu autoconhecimento.

Em resumo, a autoestima é a somatória de:

- O que eu falo sobre mim para mim mesmo.
- O que as pessoas importantes (para mim) falam sobre mim, para mim.

Dessa forma, podemos chegar a algumas conclusões:

1) Autoestima baixa é decorrente do sentimento de desaprovação do eu real comparado ao eu ideal.
2) Autoestima equilibrada é decorrente de um sentimento de aprovação do eu real comparado ao eu ideal.

PROFECIA DO AUTODESEMPENHO

Para pensar, sentir e agir nas mais diversas situações da vida, buscamos as informações registradas no programa psicológico. O conteúdo que estiver gravado vai influenciar na determinação dos nossos pensamentos, sentimentos e ações. Nossa autoestima será boa se nos virmos com bons olhos. Mas, se nos percebermos como uma pessoa inadequada, insegura, limitada em suas competências, nossa autoestima poderá ficar comprometida e, consequentemente, nosso comportamento será o reflexo da autoimagem. É a chamada "Profecia do autodesempenho".

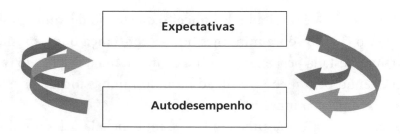

De acordo com Wilson Bryan Key, em sua obra *A era da manipulação*, as profecias que se autorrealizam são pressuposições ou predições que parecem fazer com que um evento ocorra, confirmando, assim, sua própria exatidão, de forma consciente ou inconsciente, ou ambas. São pressupostos de causa-efeito, muito utilizados em propaganda por anunciantes. Assim, se as pessoas assumem que não são amadas, o próprio pressuposto faz com que ajam de maneira hostil, defensiva, suspeita e agressiva. Estas atitudes, por sua vez, provocam reações similares nas outras pessoas. Desse modo, os pressupostos iniciais são confirmados.

O CICLO DOS COMPORTAMENTOS DEFENSIVOS E A BAIXA AUTOESTIMA

A baixa autoestima está diretamente associada aos comportamentos defensivos caracterizados pela passividade e pela agressividade.

Expectativas baixas e negativas = desempenho negativo
= baixa autoestima

A profecia do autodesempenho se realiza formando o ciclo negativo:

(1) comportamento inadequado, (2) feedback negativo, (3) atitude de autodepreciação e (4) comportamento inadequado novamente.

Ciclo dos comportamentos — Passivo e agressivo

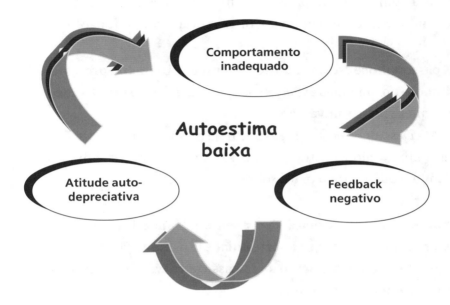

Como isso acontece? Seguindo os passos abaixo, a pessoa prepara o caminho do autodiscurso negativo. Esta é a sua voz interna.

Vamos entender esse processo utilizando o caso de Caio, apresentado no Capítulo 3.

1º passo ➤ Diante de uma situação, você compara as circunstâncias com as experiências passadas.

São 10 horas da manhã. Caio encontra-se na reunião com as áreas envolvidas na implantação desse novo projeto. Um pequeno detalhe foi o suficiente para provocar a ira do chefe, que, diante de todos, descarregou sobre Caio sua crítica, com ironia cruel:

— Caio, o curso que lhe paguei não foi o bastante para torná-lo competente e não cometer tais imbecilidades? — disse o chefe.

Nesse momento, passou um filme na mente de Caio, que se lembrou de uma situação parecida com outro chefe. Só que, daquela vez, tentou retrucar e se saiu mal. Por essa razão, resolveu não reagir.

2º passo ➤ Você escolhe não defender seus direitos na presente situação porque suas experiências passadas foram negativas e você não quer vivê-las novamente.

— Desculpe-me, prometo que hoje mesmo esse erro será sanado — respondeu Caio, constrangido, com voz trêmula, em tom baixo, desviando o olhar para o papel sobre a mesa.

3º passo ➤ Finda a situação, você sente que poderia ter respondido assertivamente, mas aí a oportunidade já passou. Você não quis experimentar o sentimento do fracasso outra vez. Isso também vale para o comportamento agressivo.

Um calafrio percorreu seu corpo, o rosto enrubesceu e suas mãos molharam de suor, exatamente igual ao dia da reunião fatídica. Sentiu-se culpado pela falta de reação e, em seguida, racionalizou:

— Desta vez, foi melhor assim, mas da próxima, vou reagir e dizer ao chefe o que penso. Ainda pensando... se confrontasse o chefe perderia o emprego. É melhor consertar o erro, todos ficarão satisfeitos e eu me mantenho trabalhando.

4º passo ➤ Você fica ansioso e começa a se sentir inadequado com você mesmo, por não ter sido assertivo. Você fala para si mesmo: "Eu sou incapaz".

Foi um dia difícil para Caio. Permaneceu quieto e isolado, mas com uma dor terrível no peito: a dor da RAIVA. Sentia-se mal quando lembrava da cena humilhante, recriminando-se por sua falta de reação.

Por um momento, imaginou o que as pessoas poderiam estar pensando a seu respeito. Imediatamente, algumas palavras ocuparam sua mente: imbecil, incompetente, capacho, coitado...

Passou toda a semana cabisbaixo e não compartilhou com ninguém, nem mesmo com a família, o ocorrido na reunião.

Sua autoafirmação foi negada. A raiva reprimida é expressa nas mais diversas situações, na rua, em casa...

— O que eu fiz para lhe deixar assim nervoso? Você não gosta de minha mãe?

Imediatamente, Caio, tomando consciência de sua grosseria, pediu desculpas e justificou-se dizendo:

— Tive uma semana difícil no trabalho. Estou um pouco cansado, mas logo estarei pronto para irmos ao churrasco.

Mas a situação não foi boa, Caio não conseguiu se divertir, acabou se embriagando, até como forma de "fugir" daqueles pensamentos que lhe atordoavam. Bebeu muito e passou o domingo de ressaca.

Se você está com a autoestima baixa e diz: "Eu não posso", estará enviando uma mensagem negativa ao outro de que vai falhar. E ele será visto como alguém que não pode realmente e, portanto, vai falhar. Mas se tem a autoestima equilibrada e diz: "Eu posso", será visto como alguém bem-sucedido e capaz.

Somente a própria pessoa é detentora do poder sobre sua voz interna. Se esta for adequada, será possível pensar de modo assertivo, sentir positivamente e agir assertivamente.

Como transformar esse ciclo vicioso em virtuoso? A resposta é atacar duas frentes: (1) alterar o conteúdo de sua voz interna e (2) substituir o comportamento defensivo pelo assertivo.

O CICLO DO COMPORTAMENTO ASSERTIVO E A AUTOESTIMA EQUILIBRADA

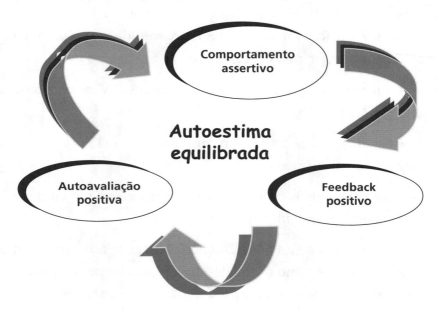

Ciclo do comportamento assertivo

Este é o ciclo virtuoso, em que o ponto de partida se constitui de expectativas equilibradas e positivas = desempenho adequado = feedback positivo = autoavaliação positiva = autoestima equilibrada.

O ciclo positivo: (1) comportamento assertivo, (2) feedback positivo, (3) autoavaliação positiva e novamente (4) asserções adequadas.

1º passo ➤ Diante de uma situação, você compara ou não as circunstâncias com as experiências passadas. De qualquer forma, avalia o contexto da situação.

2º passo ➤ Você escolhe enfrentar a situação, defendendo seus direitos e respeitando os do outro na presente situação.

3º passo ➤ Finda a situação, você se sente bem porque respondeu assertivamente, cuidou de sua autoafirmação. Ouviu o ponto de vista do outro a seu respeito e apresentou sua versão do problema. É evidente que ouvir coisas inadequadas sobre nós é desagradável, mas, se for necessário, é a alternativa correta.

4º passo ➤ Você fica contente e orgulhoso de si mesmo por ter sido assertivo. Você fala para si mesmo: "Eu sou capaz".

Na verdade, a pessoa não poderá remover sua programação psicológica original, mas poderá inserir novas programações para neutralizar as que estão interferindo negativamente em sua vida, inspirando-a a assumir comportamentos agressivos e passivos. A solução está em alterar sua profecia, tornando sua voz interna mais amável e ponderada a respeito de si mesma.

Para começar, a pessoa precisa acreditar de fato que tem os **direitos do assertivo** (analisados pelo Dr. Manuel J. Smith, em sua obra *Quando digo não, me sinto culpado*).

Direitos do assertivo

1) Você tem o direito de tomar as próprias decisões

Você tem o direito de julgar e controlar seus pensamentos, sentimentos e comportamentos, independentemente do que os outros pensam.

Se exercitarmos esse direito de afirmação, assumimos a responsabilidade por nossa vida, independentemente das outras pessoas. Esse direito elimina aquela tensão constante do comportamento passivo: "Será que estou agradando os outros?"

2) Você tem o direito de não justificar seu comportamento

Quando você é seu próprio juiz, não precisa explicar seu comportamento, pois ninguém tem o direito de exigir que você apresente razões para provar que está errado.

É evidente que a outra pessoa tem também o direito autoafirmativo de dizer que não gosta do seu comportamento. Diante dessa situação, você tem, no mínimo, três opções: ignorar a opinião do outro, aceitar um compromisso de mudança de ambas as partes ou respeitar a opinião do outro e mudar completamente seu comportamento. Lembre-se: esta decisão é sua.

3) Você tem o direito de escolher não ser responsável pela solução dos problemas das pessoas

Por mais que goste de alguém, você não tem a capacidade de pensar por essa pessoa, de criar-lhe estabilidade mental e estado de felicidade. Nada impede que você sinta compaixão pelos problemas dos outros e até decida fazer o que uma pessoa deseja, mas ela terá de se esforçar, sofrer, enfrentar os obstáculos para conseguir ser feliz e ter uma vida saudável.

Na prática, quando você ouve o problema de alguém, pode sentir compaixão ou sugerir alternativas, mas não assumir a responsabilidade pela solução. Você tem o direito, inclusive, de não querer ouvir o problema do outro.

4) Você tem o direito de mudar de opinião

Mudar de opinião é sinal de flexibilidade, apesar de termos aprendido que é sinal de fraqueza, que errar é sinal de irresponsabilidade e, por isso, que não somos capazes de tomar decisões.

Mudar de opinião pode ser saudável e inteligente, mesmo porque nossos interesses e o contexto mudam. Dessa forma, permanecer na rigidez pode ser sintoma de ignorância.

5) Você tem o direito de cometer enganos e ser responsável por eles

Aceitar a falibilidade humana é aceitar a imperfeição e o perdão. Nós somos seres imperfeitos. Portanto, aceitar o erro e ser responsável por ele é o mesmo que aceitar a condição humana. Na maioria das vezes, criticamos os erros dos outros e nos envergonhamos dos próprios erros. Isto porque fomos levados a crer que o erro é feio, é um mal causado ao outro e, sendo assim, temos de reparar o mal, colocando-nos nas mãos do outro para nos corrigir.

6) Você tem o direito de dizer "não sei"
É difícil dizer "não sei", porque a crença que nos foi ensinada é baseada no seguinte princípio: "Você é irresponsável e precisa ser controlado por outros, se não souber os resultados futuros do seu comportamento."

Esse princípio explica por que nos sentimos envergonhados e acuados quando nossa "ignorância" é exposta às pessoas, além da necessidade de preservação da autoimagem.

7) Você tem o direito de ser independente da boa vontade dos outros
Esse direito lhe permite autoafirmar-se perante pessoas amigas ou não, conhecidas e desconhecidas. Viver à mercê da boa vontade de ser aceito pelo outro, além de comprometer sua autoconfiança e iniciativa, tornará você vulnerável à maior força de manipulação possível.

Existem pessoas que acreditam que, antes de iniciar um relacionamento, é preciso obter a boa vontade do outro; caso contrário, a relação não será possível. É evidente que a cooperação e a boa vontade dos outros facilitam sua vida, mas você não pode estipular essas condições para sua sobrevivência nos relacionamentos.

8) Você tem o direito de dizer "não compreendo"
Esse direito mostra mais um aspecto da condição humana. Ninguém é perfeito para compreender completamente todas as coisas. Aceitar que você está sempre aprendendo é sabedoria. Mas, desde criança, aprendemos que temos a obrigação de compreender os desejos dos outros sem que eles precisem nos falar, para não criar problemas. Ora, não temos bola de cristal e nem sabemos ler pensamentos. Portanto,

quando alguém insinua que está magoado com você, não se sinta culpado. Diga: "Não compreendo por que você está se sentindo assim." Com a resposta, decida se a mágoa é justificável. Em caso positivo, peça desculpas sinceras e encerre o caso.

9) Você tem o direito de dizer "não me importo"

Esse direito nos é tirado pela crença de que temos defeitos e devemos buscar a perfeição. Dada a condição humana, a perfeição não será possível. Dessa forma, temos de melhorar, no mínimo, nosso comportamento. Se não tivermos a premissa de melhorar sempre, seremos tachados pelos outros e por nós mesmos como inúteis, preguiçosos, pessoas que não merecem respeito. Essa crença nos cobra a busca eterna do eu ideal.

A forma de utilizar o direito de dizer "não me importo" é fazer seu próprio julgamento e avaliar se você está contente ou não com seu eu real. Seja seu próprio juiz e decida se quer mudar ou não. Caso contrário, dê-se o direito de dizer, mental ou verbalmente, "não me importo", quando alguém apontar um "defeito" seu.

10) Você tem o direito de ser ouvido e levado a sério

Esse direito é violado quando deixamos de expressar nossas opiniões, sentimentos e desejos.

Normalmente, não usamos esse direito por medo de sermos rejeitados, tidos como incompetentes e ignorados, sentimentos incutidos em nós por todas as crenças que nos impedem de usar os outros nove direitos do assertivo.

Ao nos apoderarmos dos direitos do assertivo, certamente seremos ouvidos e levados a sério.

11) Reconhecer e aceitar que o outro também tem os mesmos direitos

Este não é um direito, mas um dever do comportamento assertivo. Este dever exige desprendimento e tolerância à frustração, pois o NÃO do outro pode significar uma negação dos seus desejos, da realização de suas expectativas.

O uso indiscriminado dos 10 direitos do assertivo terá um efeito negativo e fará de você uma pessoa agressiva. A única maneira de cumprir com esse dever é equilibrar os dois fatores da assertividade: individualidade e socialização.

REFLEXÕES SOBRE A AUTOESTIMA

Faça uma revisão de sua autoestima. Olhe-se no espelho. Fale com a própria imagem refletida, indagando:

1. O que você sente quando olha para si mesmo?
2. Como se sente em relação a você?
3. Você se sente apreciado e querido? Por quem? Caso contrário, o que você tem feito para não ser apreciado? Se a resposta for afirmativa, o que você tem feito para isso?
4. Procura ajuda dos outros?
5. Você é feliz no seu trabalho?
6. Quais são os seus medos?
7. O que dá sentido à sua vida?
8. Você já se perdoou por não ser perfeito?
9. O que poderia fazer para cuidar melhor de si?
10. Se pudesse mudar três coisas em sua vida, quais seriam?

COMO ANDAM SEUS DIREITOS?

Faça a seguinte reflexão: Você tem usado esses direitos em seus relacionamentos?

SEUS DIREITOS	SIM	NÃO	MAIS OU MENOS
1) Tomar as próprias decisões			
2) Não justificar seu comportamento			
3) Não ser responsável pela solução dos problemas dos outros			
4) Mudar de opinião			
5) Cometer enganos e ser responsável por eles			
6) Dizer "não sei"			
7) Ser independente da boa vontade dos outros			
8) Dizer "não compreendo"			
9) Dizer "não me importo"			
10) Ser ouvido e levado a sério			
11) Reconhecer e aceitar os direitos do outro			

A que conclusão você chegou?

Se você respondeu SIM aos 11 direitos, sua autoestima deve estar bem equilibrada, as pessoas devem nutrir um forte respeito por você e suas interações devem resultar na satisfação de ambas as partes.

Se você respondeu NÃO ou MAIS OU MENOS, uma vez ou mais, já é o suficiente para você pensar sobre sua forma de se relacionar com as pessoas.

Reveja a sua voz interna nos 11 direitos do comportamento assertivo. Você quer mudar algum diálogo? Qual? Preencha o quadro a seguir. Escreva o novo diálogo.

Exemplo: Direito de ser ouvido e levado a sério

Minha voz interna diz que, nas reuniões com meus colegas e chefe, é melhor ficar quieto, pois minhas opiniões não ajudarão em nada.

Voz interna pretendida: Eu tenho o direito de expressar-me. Quando tiver uma opinião, devo expressá-la, pois o máximo que pode acontecer é não concordarem com ela. Não ficarei com medo das críticas dos outros.

SEUS DIREITOS	VOZ INTERNA PRETENDIDA
1) Tomar as próprias decisões	
2) Não justificar seu comportamento	
3) Não ser responsável pela solução dos problemas dos outros	
4) Mudar de opinião	
5) Cometer enganos e ser responsável por eles	
6) Dizer "não sei"	
7) Ser independente da boa vontade dos outros	
8) Dizer "não compreendo"	
9) Dizer "não me importo"	
10) Ser ouvido e levado a sério	
11) Reconhecer e aceitar os direitos do outro	

6

A CORROSÃO DA PERCEPÇÃO

Não basta ser, tem que parecer

Joana insiste em pedir desculpas à sua colega de trabalho:

— Desculpe-me, eu não queria ofendê-la. Eu tomei a decisão de fazer o projeto sozinha para poupá-la. Percebi que, nos últimos tempos, seu estresse está forte — diz ela.

— Você percebeu errado. Eu estive um pouco gripada, nada mais do que isso. Você sabia o quanto era importante para mim fazer parte da criação desse projeto — responde a colega.

Esta é a típica cena de um mal-entendido decorrente de **percepções diferentes** de uma mesma situação.

Quando alguém lhe diz: "Eu compreendi o que você disse." Mas, afinal, o que ele realmente compreendeu? Será que correspondeu à intenção de sua mensagem? Suas palavras refletiram suas intenções?

Quando nos comunicamos, temos uma intenção e queremos que nosso interlocutor entenda exatamente o que estamos pensando, sentindo e querendo. Essa mensagem passará pelo crivo da percepção de nosso interlocutor, ou seja, nossa mensagem será interpretada de acor-

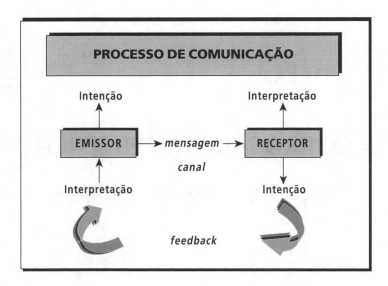

do com os sentimentos, pensamentos e necessidades do outro diante daquela situação.

A INFLUÊNCIA DA PERCEPÇÃO NO PROCESSO DE COMUNICAÇÃO

Para clarificar as questões do comportamento assertivo, é preciso entender como se processa a percepção do emissor e do receptor, no processo de comunicação, pois é por meio da percepção social que avaliamos as coisas e as outras pessoas que estão à nossa volta e damos os significados que satisfaçam nossos papéis e identidade. Por causa de nossa percepção, interagimos, não com as pessoas ou objetos, mas com a **imagem** que fazemos deles. Portanto, para compreender o que é visto, é preciso compreender o próprio observador, assim como o que está realmente acontecendo.

Estudos do pensamento humano voltaram-se para a análise da **percepção,** para entender como os múltiplos artifícios sensoriais levam a informação para dentro do cérebro, e da **abstração,** para entender como a informação acaba emergindo como comportamento e linguagem.

Segundo Wilson Bryan Key,[2] todas as pessoas têm no cérebro uma grande quantidade de informação que nunca se tornará conscientemente disponível. Essas informações fluem continuamente dos sentidos ao cérebro, armazenando-se na percepção inconsciente, para futura referência. No entanto, a pequena porção da percepção que se torna consciente opera de modo mais seletivo e mais lento.

Key dá o exemplo de uma pessoa que está lendo um livro. Conscientemente, o leitor percebe as letras impressas na página que está lendo, percebidas pelo mecanismo do olhar e transmitidas ao cérebro, no qual as associações e ideias são geradas tanto no nível consciente como no inconsciente. Mas há muito mais coisas ocorrendo dentro do cérebro do que aquilo de que o leitor tem consciência. Os sons distantes do trânsito, de aparelhos de rádio e TV, o clima de fora etc., tudo é registrado no cérebro.

A percepção humana é uma **ponte de duas vias** entre identidades e interações, possuindo, assim, uma característica dinâmica, pois o receptor não faz um registro passivo dos acontecimentos externos; ao contrário, ele interfere em todas as fases do processo de percepção, colocando seus próprios dados internos. Para compreender o que é visto, é preciso compreender o próprio observador, assim como o que está realmente acontecendo.

Segundo George J. Simmons e J.L. McCall,[3] o ser humano avalia pessoas e situações em bases restritivas, tais como:

Limites Sensoriais — Nossos órgãos dos sentidos são limitados em seu alcance. Por exemplo, a visão tem limites de distância e acuidade na percepção dos objetos pequenos.

---

2. KEY, Wilson Bryan. *A era da manipulação*, capítulo 3, pp. 98-125.
3. MORTENSEN, C. David. *Teoria da comunicação — textos básicos*, pp. 72-77.

Limites de Perspectiva — As percepções também são limitadas simplesmente pela posição física ou social onde o observador está localizado.

Limites de Percepção Seletiva — Mais importante do que as restrições impostas pelos limites sensoriais e de perspectiva são a atenção e a desatenção seletivas da pessoa que percebe a situação, coisa ou outra pessoa. A tendência é selecionar aquilo que queremos ver e o critério principal é o da relevância que o objeto, a situação e a pessoa têm para nós.

TODO PONTO DE VISTA É A VISTA DE UM PONTO

Leonardo Boff comenta sobre esses limites em *A águia e a galinha — uma metáfora da condição humana*.
Ler significa reler e compreender, interpretar. Cada um lê com os olhos que tem. E interpreta a partir de onde os pés pisam.
Todo ponto de vista é a vista de um ponto. Para entender como alguém lê, é necessário saber como são seus olhos e qual a sua visão de mundo. Isso faz da leitura sempre uma releitura.
A cabeça pensa a partir de onde os pés pisam. Para compreender, é essencial conhecer o lugar social de quem olha. Vale dizer, como alguém vive, que experiências tem, em que trabalha, que desejos alimenta, como assume os dramas da vida e da morte e que esperanças o animam. Isso faz da compreensão sempre uma interpretação.
Assim, fica evidente que cada leitor é um coautor. Porque cada um lê com os olhos que tem. E interpreta a partir do mundo que habita.

Charles Handy conta em seu livro *Por dentro da organização* que participou de um treinamento em que havia a seguinte estrutura: na primeira semana, os próprios alunos deveriam organizar o trabalho, sem estruturação prévia. O plano era colocar 12 pessoas numa sala, por cinco dias, sem agenda, líder ou horário.

Durante todo o trabalho, ele se manteve quieto e sua participação foi nula. Ao final, o instrutor propôs que cada um pusesse o seu nome no alto da folha de papel e passasse adiante. Os outros, um de cada vez, escreviam uma palavra informando a impressão que o tiveram do primeiro, dobrando sempre o papel antes de passá-lo adiante. Quando todos escreveram, cada pessoa pegou seu papel.

Handy pensou que não tinha nada a perder, pois ficara em silêncio. Pensou que sua folha ficaria vazia. Ao abri-la, ficou surpreso, pois havia 11 qualificativos a seu respeito e ele não gostou de nenhum deles: esnobe, distante, arrogante etc.

Constatou que, sem dizer uma palavra, transmitiu mensagens o tempo todo e as pessoas as perceberam de acordo com seus paradigmas.

Uma pessoa pode equivocar-se em suas avaliações, mas continuará a fazê-las. A menos que você propicie, em um primeiro contato, alguns indícios de como é na realidade, ela tirará suas próprias conclusões. A esse processo, dá-se o nome de percepção. E cada pessoa tem a sua própria percepção a respeito de situações e pessoas. Como acontece esse processo?

Temos dentro da nossa mente dois quadros de referências:

- **REALIDADE ➤ como as coisas são**
- **VALORES ➤ como as coisas deveriam ser**

Interpretamos as nossas experiências a partir desses quadros mentais e assumimos que a maneira como vemos as coisas equivale ao modo como elas realmente são ou deveriam ser. A maneira como vemos o mundo é a fonte de nossa forma de pensar e agir.

OS DETERMINANTES DO SISTEMA DE VALORES SÃO AS EXPERIÊNCIAS DE VIDA

Na verdade, as experiências que vivemos na família, escola, religião, amigos, trabalho e sociedade determinam nossos valores e crenças, os quais direcionam nossa maneira de enxergar o mundo.

Portanto, vemos o mundo não como ele é, mas como nós somos, de acordo com os nossos paradigmas.

O que é um paradigma? Dentro de nosso contexto, paradigma é um padrão, um modelo de referência, é a maneira como vemos o mundo — não no sentido visual, mas sim em termos de percepção, compreensão e interpretação. Acreditamos que o mundo é exatamente como o vemos, de forma objetiva. Na verdade, vemos o mundo como nós fomos condicionados a vê-lo.

Esse livro, provavelmente, será percebido diferentemente por cada leitor, em função das experiências individuais. Por essa razão, quando alguém discorda de nossa opinião, logo o rotulamos de errado. É o "mecanismo paranoide", ou seja, achamos que estamos sempre certos. Se alguém discorda de nossa opinião, temos a sensação de que o outro está contra nós.

Apesar de os nossos valores e crenças serem o nosso guia para tomada de decisão e para as diversas escolhas que temos de fazer no dia a dia, é necessário fazer uma revisão constante dos critérios adotados, baseando-nos, é claro, em nosso sistema de valores, para que esse guia não nos conduza ao lugar errado. Temos de democratizar a certeza para encontrarmos soluções melhores para nossos conflitos pessoais e profissionais.

Você que trabalha em uma empresa pode entender o porquê dos conflitos que normalmente existem entre as áreas de produção e comercial. Na verdade, eles podem ser explicados pelos sistemas de valores antagônicos que regem as duas áreas.

DISCURSO DA PRODUÇÃO	DISCURSO DA ÁREA COMERCIAL
"O sucesso da empresa se deve principalmente à nossa área, pois somos nós que botamos a máquina em funcionamento e produzimos um produto de qualidade, aceito no mercado. Portanto, a prioridade de investimento é para a produção. O pessoal de vendas quer tudo para ontem, não percebe que temos prazo para produzir um produto. Essa turma da área comercial tem que entender que só podemos vender o que fabricamos."	"O sucesso da empresa se deve principalmente à nossa área, pois somos nós que botamos a máquina em funcionamento ao conquistar uma posição invejável no ranking do mercado. O pessoal da produção não entendeu ainda que o foco deve ser no cliente e quer impor o seu ritmo lento de produção. Eles lá têm que acompanhar nosso ritmo de venda, aumentando a produção de acordo com o vendido. Por isso, deve ser dada prioridade de investimentos às ações comerciais para vender cada vez mais."

Nossa tendência é sermos excessivamente prudentes ou, então, pressupormos rapidamente que as imagens superficiais que temos do outro são corretas. É claro que as inferências que fazemos sofrem influência direta dos sentimentos que temos em relação àquela pessoa ou situação.

Quer ver um exemplo simples de inferência?

"Estou passando pelo corredor e vejo dois colegas conversando. Ao me aproximar, eles interrompem a fala. Fico constrangido, afasto-me e penso: eles não querem conversar perto de mim, é provável que estejam falando algo sobre a minha pessoa. Também não devo confiar neles. Preciso ficar atento."

Nossa capacidade de alcançar os resultados que realmente esperamos fica corroída por nossas opiniões de que nossas crenças são a verdade; a verdade é óbvia; nossas crenças baseiam-se em dados reais; os dados que selecionamos são os dados reais.

COMPREENDENDO OS SENTIMENTOS

Se você quer ser uma pessoa assertiva, é preciso, antes de tudo, ter uma livre comunicação consigo, uma percepção dos seus sentimentos e necessidades. É preciso conhecer a si mesmo para se comunicar com o outro, de forma clara e honesta.

David Viscott diz:

Nossos sentimentos são nosso sexto sentido, o sentido que interpreta, organiza, dirige e resume os outros cinco. Os sentimentos nos dizem se o que estamos experimentando é ameaçador, doloroso, lamentável, triste ou alegre.[4]

Os sentimentos são a maneira como percebemos e reagimos ao mundo, refletindo nossa história de vida passada, presente e futura. Dessa forma, se os sentimentos definem nossa percepção, podemos concluir que a realidade é o reflexo de nossas próprias necessidades. Nossos sentimentos são nossa reação ao que percebemos por meio dos sentidos e podem modelar nossa reação ao que experimentaremos no

---
4. VISCOTT, David, *A linguagem dos sentimentos*, p. 11.

futuro. A pessoa que carrega consigo muita raiva não apaziguada, por exemplo, provavelmente achará o mundo também raivoso e, assim, justifica e perpetua seu próprio sentimento de raiva.

Compreender os sentimentos é a chave para encontrar o maior poder humano que é a liberdade emocional.

É o caminho para a autoafirmação. Nossos sentimentos podem ser positivos e negativos. Os positivos produzem sensações de prazer e recarregam nossa bateria; os negativos produzem sensações de dor, consumindo toda a nossa energia.

Quando tentamos esconder nossos verdadeiros sentimentos, por meio das couraças que nos colocamos no dia a dia, deformamos nossa percepção, mas não alteramos a verdade. Vejamos como os sentimentos negativos atuam em nosso emocional e, mais, como construímos nossas defesas em nossos processos de comunicação:

Tudo começa com a **ansiedade**, que é o medo de um mal ou de uma perda, seja ela real ou imaginária. Tipos de perda: a perda de alguém que nos ama ou a perda do amado ou a perda de não se sentir amada; a perda do controle; a perda da autoestima.

Dor — Quando a pessoa experimenta uma perda, é tomada pela dor, que, por sua vez, cria desequilíbrio e exige uma reação enérgica, para fora, para a dor. Essa reação é chamada de raiva.

Raiva — É o sentimento de estar ofendido porque alguém/situação lhe fez um mal. A raiva reprimida aumenta a mágoa que a originou, gerando a autopunição. Se a raiva não for expressa e colocada para fora, ao contrário, for dirigida para dentro, é guardada como **culpa**.

Culpa — É o sentimento de ser indigno, detestando-se a si mesmo. Se essa culpa não for logo aliviada pela aceitação da raiva inicial, ela se volta contra a própria pessoa. Uma pessoa com sentimento de culpa não se considera digna de aceitar o que os outros dão e, assim, não se sente realizada e não pode retribuir. Se a culpa se aprofunda, torna-se **depressão.**

Depressão — É o sentimento de infelicidade, melancolia. Ocorre quando a raiva se transforma em rancor. Uma pessoa que vive infeliz por longo tempo acaba perdendo o contato com o motivo da mágoa e, a partir daí, não consegue identificar a razão de sua depressão. A depressão extermina a energia e destrói a pessoa.

É comum ver esse processo acontecer na comunicação entre vendedores e compradores. Quando o vendedor se sente ameaçado pelo poder do cliente, se sente ansioso, por medo de perdê-lo. E perder um cliente com alto potencial de compra significa, além da perda financeira, incorporar sentimentos de exclusão, de incompetência e de rejeição. Para evitar a dor dessa perda, o vendedor desenvolve uma comunicação de passividade, preferindo buscar a harmonia, mesmo que isso implique abrir mão de seus interesses e "engolir alguns sapos".

POR QUE AS PESSOAS DESENVOLVEM MECANISMOS DE DEFESA?

A exigência da perfeição pode ser considerada como uma das razões fortes que levam uma pessoa a desenvolver comportamentos defensivos que corroem e distorcem a percepção.

Muitos de nós não aceitam as imperfeições humanas como normais. Fugimos da dor e, quando há ameaça de dano emocional, nossa reação é evitá-la. É por isso que construímos as defesas, máscaras que disfarçam os sentimentos que não agradam nem a nós mesmos. Imagine

se vamos querer que os outros também saibam algo sobre esses sentimentos. Mentimos para nós mesmos.

Fingimos ser o que, na realidade, não somos. Na verdade, nossas couraças servem para evitar que alguém perceba nossas debilidades, e assim, atraímos outros mascarados que também querem esconder suas fragilidades. Acreditamos que, se os outros conhecerem nosso eu, não sentirão admiração por nós. O outro pensa igual, por isso se mascara para falar conosco. É estressante passar o tempo vigiando-nos para não deixar a máscara cair.

REFLEXÃO: MINHAS MÁSCARAS

Seja sincero com você. Olhe-se no espelho e, como um raio X, observe além de suas expressões faciais. Tente lembrar de pessoas — e situações — com as quais você sente dificuldade em ser autêntico e responda, para você mesmo, às questões abaixo:

1. Em quais situações você usa máscaras para se relacionar?
2. Por que você usa máscaras? Do que você tem medo?
3. Com quem você usa máscaras?
4. Com quem você se sente livre para ser autêntico?
5. Qual é a diferença entre os relacionamentos com máscaras e os relacionamentos sem máscaras?

Defesas consomem energia. Se forem grandes, fortes e frequentes, nossas energias serão exauridas e nada sobrará para enfrentarmos e resolvermos as dores, frustrações e perdas normais da vida. Isto porque a energia consumida pelas defesas vai para a construção e manutenção de uma barreira da realidade. É preciso encontrar o equilíbrio entre a dor e a defesa. Se você foge da dor, ela não se acaba nunca e vai persegui-lo sempre, consumindo toda a sua energia. Se você usa sua energia para viver o sentimento da perda, a dor vai embora definitivamente e você se sentirá melhor.

Wilson Bryan Key também faz uma abordagem producente sobre os mecanismos de defesas perceptivas. Os homens aprendem, durante seu processo de amadurecimento, o que não devem perceber conscientemente, aprendem a alterar e restringir suas percepções, a se defender contra sentimentos ou tabus indesejáveis, contra os impulsos e lembranças que provoquem ansiedade. A esse processo, dá-se o nome de **defesas perceptivas**, que são mecanismos automaticamente acionados, sem controle consciente do homem, para subordinar informações não desejadas ao inconsciente.

As defesas também têm seu lado útil. Elas servem para permitir que nos concentremos no que estamos fazendo em determinado momento. O prejuízo maior é acionar as defesas perceptivas como mecanismo de inibição e distorção da realidade. As defesas alteram nossas visões de nós mesmos, de nossas motivações e dos relacionamentos humanos.

O uso intenso das defesas torna as pessoas vulneráveis à manipulação.

Key apresenta oito defesas perceptivas[5] usadas para esconder informações de nós mesmos, evitando a presença da ansiedade, depressão e mesmo a sobrecarga perceptiva. São elas:

1. **Repressão** — envolve a expulsão da percepção consciente, as lembranças e sentimentos traumáticos, tabus e percepções ameaçadoras. Mas a informação permanece na memória, vindo à tona em forma de comportamentos. Normalmente, as pessoas, para se defenderem dessas informações ameaçadoras, adotam atitudes opostas. Por exemplo, o puritano rígido que foge de sentimentos hedonistas proibidos.

---
5. KEY, Wilson Bryan, *op. cit.*, pp. 98-125.

2. **Isolamento** — É uma defesa por meio da qual a pessoa pode saber de algo conscientemente, mas evita as associações que provoquem ansiedade, culpa, depressão e outros sentimentos ameaçadores.
3. **Regressão** — É uma fuga da realidade do presente, buscando no passado soluções fantasiosas que deem a sensação de segurança.
4. **Formação de fantasias** — É substituir a realidade por um mundo de fantasias, personagens fantasiosas. Proporciona uma estrutura de apoio para escapes da aceitação madura da realidade.
5. **Sublimação** — Envolve trocar o lugar da energia libidinal, agressiva ou de alguma forma inaceitável, por contraenergias ou impulsos. Por exemplo, o trabalho compulsivo pode ser um substituto e escape de uma grande raiva.
6. **Negação** — Serve para a pessoa se defender contra sentimentos, contradições, situações desagradáveis, tornando-as inexistentes. A culpa passa a ser de outra pessoa.
7. **Projeção** — É projetar no outro imagens estereotipadas boas ou ruins.
8. **Introjeção** — É tomar para si toda a responsabilidade por desacatos cometidos por outros.

São defesas que controlam nosso dia a dia, nossos pensamentos, ações e interpretações de discursos, em nossa comunicação cotidiana.

REFLEXÃO: MINHAS DEFESAS

Pense nas oito defesas perceptivas.

Quais delas você tem utilizado em seus relacionamentos?

1. Repressão
2. Isolamento
3. Regressão
4. Formação de fantasias

5. Sublimação

6. Negação

7. Projeção

8. Introjeção

Para cada defesa assinalada, responda às perguntas a seguir:

Como eu aciono esta defesa? Com quem? Como o outro reage?

Quais são os benefícios que obtenho ao usar esta defesa?

Quais são os custos de usar esta defesa?

Qual é o impacto desta defesa na pessoa com quem me relaciono e na minha autoestima?

Qual é o medo que estou escondendo quando uso esta defesa?

Posso atingir os mesmos objetivos agindo de outra forma? Qual?

Muito bem! Você refletiu e fez conclusões sobre as defesas que você tem utilizado em suas comunicações. Agora, a questão é:

Como lidar com as defesas do outro?

Os estudos atuais da linguagem como meio de comunicação têm se preocupado com os problemas e conflitos gerados pela **interpretação**. Os estudiosos têm buscado formas e técnicas de interpretação que minimizem distorções e conflitos no entendimento humano.

Para minimizar as possíveis distorções causadas pela percepção do interlocutor, Donald Weiss propõe que:

Pense de maneira a deixar cada ouvinte com a impressão de que você falou diretamente com ele. Procure o máximo de interação possível. A interação faz com que as pessoas contribuam para a apresentação. Elas não se sentem tratadas com condescendência por você. E quanto mais elas falam, tanto mais inteligente acham que você é.[6]

Esse método é uma maneira de conhecer melhor as características e as expectativas do outro e adaptar com maior propriedade a mensagem para a recepção. Mas, se focarmos nossa análise na conversação a dois, a sugestão é transformar possíveis conflitos provenientes de distorções do interlocutor em cooperação entre as partes.

COMO TRANSFORMAR CONFLITOS EM COOPERAÇÃO ENTRE AS PARTES

O conflito provoca a inteligência das pessoas e impulsiona a evolução social.

Michel Fustier, em sua obra *O conflito na empresa*, mostra que o conflito não é o diabo, ele é saudável. É a afirmação do eu. Por um lado, somos cada um o inimigo do outro; pois o que é dos outros não pode ser nosso e os outros cobiçam o que nós temos. Nessa ótica, somos predadores. Por outro lado, somos feitos pelos outros e fazemos os outros, pois aquele que nos ameaça é o mesmo que nos constrói. Nesse sentido, somos construtores.

Veja o exemplo de dois profissionais na empresa em que trabalham, competindo entre si. Na briga pelo melhor cargo, um obriga o outro a crescer, a se superar, a se impor.

Jean Piaget, biólogo suíço, mostra, na teoria da evolução da inteligência, que o choque de nosso pensamento com o dos outros produz em nós a dúvida e a necessidade de provar. Isto é uma grande verdade, pois todos nós vivemos em função das expectativas e das avaliações das

---

6. WEISS, Donald. *Como falar em público — técnicas eficazes para discursos e apresentações*. São Paulo: Nobel, 1991, p. 47.

outras pessoas. Nós avaliamos nossas opiniões, observando a reação dos outros diante delas. Dessa forma, as pessoas funcionam para nós como um espelho.

E é exatamente na discordância de nossas ideias que podemos identificar nossa **flexibilidade** e o quanto nossos valores e experiências de vida permitem-nos ouvir opiniões divergentes e chegar a um resultado mais efetivo.

Quanto mais conscientes formos da influência do sistema de valores em nossos sentimentos e comportamentos, mais facilmente quebraremos nossas resistências para avaliá-lo, para ouvir a opinião do outro e enxergar sua verdade, ampliando, assim, a nossa visão do mundo. Isto porque precisamos um do outro para crescer, pois as soluções resultantes de um único ângulo de visão podem transformar-se em hábitos intelectuais padronizados, comprometendo a qualidade dos nossos resultados.

Quero reafirmar, então, a importância da sensibilidade em perceber a situação e a pessoa que está na sua frente. Mas olhe sem preconceitos, tenha vontade de estabelecer uma relação de confiança, aspectos que contribuem para ampliar o poder na comunicação. Quanto maior for a confiança, melhores acordos poderão ser feitos entre as partes.

Para avaliar de modo preciso as pessoas com as quais você se relaciona, é preciso parar, olhar e ouvir. Não deduza o que o outro quer. Limpe a mente de estereótipos.

Paciência

Observar e perceber adequadamente o outro ajuda você no entendimento da interpretação do seu interlocutor.

Perguntaram a Abraham Lincoln que comprimento deveriam ter as pernas de um homem. Ele respondeu: "Longas o suficiente para alcançar o chão."

No relacionamento humano é a mesma coisa, ou seja, o tempo para conhecer o outro será aquele que se fizer necessário. Assim, antes de avaliar uma pessoa, é preciso ter informações confiáveis sobre seus valores e crenças, seu modo de ser. Acontece que as pessoas só podem ser vistas em detalhes se enxergadas objetivamente.

Para obter informações confiáveis sobre o outro, é preciso criar sintonia e estabelecer uma relação de confiança. Confiar é poder falar sobre seus problemas pessoais, sobre suas frustrações, sobre o que você gosta e não gosta de si mesmo, sentindo que está sendo ouvido, sem julgamentos e avaliações e sem rótulos ou preconceitos.

Você estabelece uma relação de confiança quando estimula sentimentos positivos na outra pessoa. Nós precisamos nos sentir importantes, queridos e ouvidos pelo outro, sendo essa a forma mais sensata de alimentar uma autoestima bem equilibrada.

Satisfação das necessidades do ser humano

Segundo Will Schultz, psicólogo americano, se não for dada a atenção devida aos sentimentos que as pessoas nutrem umas pelas outras, crescem as rivalidades, os desejos pessoais não são satisfeitos, as pessoas sabotam ou abandonam o relacionamento. É interessante criar, entre as pessoas, um sentimento positivo de aceitação mútua, satisfazendo as três necessidades básicas do ser humano no relacionamento interpessoal:

Inclusão — Ao sermos incluídos, temos a sensação de sermos importantes para quem nos incluiu.

Controle — Ao influenciar o outro com nossas ideias e opiniões, sentimo-nos competentes e ouvidos.

Se nossa autoestima estiver boa, com o sentimento de competência presente, seremos capazes de ouvir melhor a opinião do outro e de expressar com segurança as nossas opiniões, controlando e sendo controlado com tranquilidade.

Abertura/Afeto — Ao contarmos nossas coisas, nossos sentimentos e sermos ouvidos, sentimo-nos queridos e, assim, estamos prontos para ouvir o outro.

É por meio da abertura e do afeto que as pessoas desenvolvem uma relação de confiança, importante na criação de vínculos.

Portanto:

- Se não somos incluídos, sentimo-nos ignorados.
- Se nossas opiniões não são ouvidas, sentimo-nos incompetentes e humilhados.
- Se as pessoas que consideramos não se interessam por nossos sentimentos, sentimo-nos rejeitados.

Quando o seu interlocutor é estimulado a falar sobre suas opiniões e seus sentimentos são levados em consideração, ele se sentirá importante, competente e querido, condição básica para a construção de uma autoestima equilibrada. As barreiras caem, as pessoas se desarmam e a possibilidade de testarem suas percepções aumenta.

A percepção humana é uma realidade e, para evitarmos que sua corrosão seja inevitável e provoque frequentes mal-entendidos, devemos assumir a responsabilidade por confrontar nossos paradigmas com a realidade e ouvir a opinião dos outros, a fim de obtermos uma visão mais ampla e objetiva do mundo.

É comum ver relacionamentos entrarem em conflito ou até se romperem porque uma das partes fez inferências sobre o outro e não testou a veracidade dos fatos. São várias as situações:

- A esposa duvida da fidelidade do marido porque, na tentativa de se comunicar com ele, constatou que seu celular estava fora de área. E na verdade, seu carro estava quebrado na estrada, de volta para casa.

- O profissional acredita que será demitido porque seu chefe não o atende há uma semana. Na verdade, o chefe se isolou porque está sob tensão, terminando um projeto especial para seu superior.
- O colega de trabalho não almoça com as pessoas do seu departamento porque desconfia que não gostam dele. Isso porque, um dia ele se sentou à mesa do almoço e, em seguida, as pessoas se retiraram, pois haviam terminado de almoçar.
- A mulher não fala mais com a vizinha porque tem certeza de que ela jogou no chão o tapete que havia colocado no muro que separa suas casas. Na verdade, houve uma ventania forte na madrugada e o vento derrubou o tapete.
- A sogra se afastou do genro porque, outro dia, ele não falou com ela, ao telefone. A verdade é que o genro estava lendo um livro e não queria ser interrompido.
- O vendedor não liga para o cliente X porque ele não retornou a ligação. O vendedor entende que não é bem-vindo para o cliente. A verdade é que a secretária esqueceu de dar seu recado.

E, você, já cortou algum relacionamento baseando-se em inferências não testadas?

Avaliar e julgar pessoas são atitudes que fazem parte de nós. Fazemos inferências todo o tempo. Portanto, a solução não é reprimir nosso ímpeto de inferir, mas sim adquirir o hábito de testar as inferências, em busca de uma interpretação mais próxima da realidade. Como fazer isso? Toda vez que você olhar para uma situação e concluir algo que possa prejudicar seus relacionamentos pessoais e profissionais, teste sua inferência. São várias as formas:

- Torne-se mais consciente do seu pensamento.
- Torne seu pensamento mais transparente para os outros.
- Procure os dados observáveis nos quais se baseiam suas afirmações.
- Verifique se as outras pessoas estão vendo os mesmos dados.

- Pergunte abertamente quando tem dúvidas: "Quando você disse x, quis dizer Y?"

Agindo assim, você corre poucos riscos de concluir erroneamente sobre as pessoas.

7

REVENDO SUA COMPETÊNCIA COMUNICATIVA

Expressando suas ideias, seus sentimentos e suas necessidades

Nunca se valorizou tanto a comunicação como agora. A globalização está aí e estabelece uma conectividade planetária, ampliando as possibilidades de comunicação entre os povos, o que significa maior interdependência entre as pessoas e, consequentemente, mais conflitos. Neste cenário, cresce a demanda por habilidade em negociar, pois onde há conflito o bom senso manda fazer acordos. Assim, a comunicação passa a ocupar um lugar de destaque nas relações comerciais e pessoais.

A falta das habilidades de ser autoafirmativo e de responder assertivamente é responsável pela presença de emoções negativas, como raiva, frustração, ansiedade e inquietação nas relações interpessoais.

Ser auto-afirmativo é comunicar ao outro o que sentimos, queremos e esperamos da vida. Se ele for também autoafirmativo, ambos poderão descobrir a base para um relacionamento maduro, porque estarão dando informações pessoais sobre seus interesses, do que gostam e do que não gostam. Esse diálogo depende das habilidades de: (1) estar atento às pistas dadas pelo outro, o que fornece assunto para a conversa e (2) dar também informações a nosso respeito de modo afirmativo. A autorrevelação dos dois lados permite que a comunicação se desenvolva entre iguais, facilitando a reciprocidade no atendimento das expectativas mútuas. Se houver desequilíbrio na autorrevelação, o lado que se expuser mais poderá se sentir vulnerável, o que não é interessante ao diálogo.

O PROCESSO DA COMUNICAÇÃO HUMANA

O conceito clássico do processo de comunicação é composto por uma **fonte** que emite uma **mensagem** por meio de um **canal** para um **receptor**. Esse, por sua vez, reage, fornecendo um **feedback** para a fonte sobre sua informação inicial. O conceito é simples, mas não o suficiente para entender a comunicação humana.

Normalmente as pessoas interagem sem fazer distinções entre os papéis de fonte e receptor, influenciando-se mutuamente. A mensagem, por sua vez, só terá significado após a interpretação pelo receptor. Se eu disser "*Gosto de conversar com você*" e o meu interlocutor não ouvir minhas palavras, elas se perdem no ar, sem qualquer influência e significado. Mas, se ele ouvir, minha mensagem passará pelo crivo da sua percepção, e não terei certeza se ele a traduziu apenas como um elogio ou entendeu como puxação de saco. É difícil distinguir entre o que está disponível no seu quadro mental para a tradução e o que realmente é traduzido. Eu saberei o que ele entendeu, prestando atenção à sua reação, às suas linguagens verbal e não verbal.

A tradução, ou seja, a disposição de dar significado às coisas e aos pensamento, e sentimentos das pessoas, depende de duas atividades distintas de interpretação: a **decodificação,** que se refere ao ato de escutar a fala de alguém; e a **codificação,** que se refere ao ato de expressar nossa mensagem ao outro.

A qualidade do conteúdo e a forma de codificação e decodificação vão depender do quadro mental de cada pessoa, da estruturação baseada em suas experiências comunicativas durante toda a sua caminhada pela vida e do seu emocional diante da situação ou pessoa. Além disso, temos de considerar as limitações sensoriais da percepção humana. É sabido que, para a tradução de uma mensagem, o sistema nervoso humano pode lidar com uma quantidade limitada de informação e que sua consciência consegue disponibilizar parte da informação armazenada.

Quero abordar aqui o processo de comunicação interpessoal sob a ótica do gênero de discurso "conversação" como sendo:

> A arte de convencimento e persuasão mútua, com a obtenção do consentimento de ambas as partes. É a arte da afirmação de posições, da venda de ideias, da escuta ativa e do envolvimento e comprometimento das pessoas envolvidas na conversa, com os resultados a que se propuseram atingir.

A conversa é um discurso interativo e se organiza em torno da dupla eu-você e de um presente que coincide com o momento da enunciação. A manifestação mais evidente da interatividade é a interação oral, a conversação, em que os dois locutores coordenam suas enunciações, enunciam em função da atitude do outro e percebem imediatamente o efeito de suas palavras sobre o outro.[7]

---

7. MAINGUENEAU, Dominique. *Análise de textos de comunicação,* pp. 53 a 54.

Como sair de uma conversação sentindo-se satisfeito com os resultados? Como ser competente na arte de se expressar? É o que vamos abordar agora.

OS PASSOS PARA SER UM COMUNICADOR EFICAZ

**1º PASSO:
Definir sua Intenção**

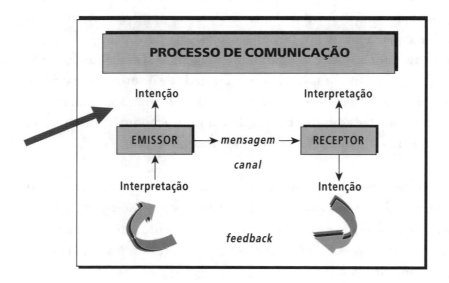

Para iniciar um processo de comunicação você precisa saber claramente qual é a sua intenção, ou seja, o que você quer transmitir e aonde você quer chegar com sua mensagem, pois, dependendo de sua intenção, será usada a linguagem correspondente para a condução da conversa.

O que você prefere usar? A **linguagem do conflito ou a linguagem da cooperação?**

Você pode estar pensando:

— É óbvio que depende da situação. Se o outro está contra mim, é meu inimigo, devo usar a linguagem do conflito.

— Mas, se for uma pessoa amiga, uso a linguagem da cooperação.

ERRADO!

O raciocínio assertivo é outro.

Ao participar de uma conversa você tem um ou mais motivos, ou porque o comportamento do outro está impactando de alguma forma em sua vida, ou você precisa convencê-lo de algo importante. Muitas outras razões podem levar você a um processo de comunicação, inclusive o prazer da companhia da outra pessoa. Dessa forma, independentemente de o nosso interlocutor ser amigo ou inimigo, temos de nos basear em princípios que levem à solução da questão. E se o atingimento do objetivo depende do outro, então temos de usar a linguagem baseada no princípio da cooperação. Se usarmos a linguagem do conflito para resolver um conflito, é evidente que, temporariamente, vence aquele que gritar mais, ou, o que é mais provável, os dois lados perdem.

Outro dia presenciei uma cena que ilustra bem a linguagem do conflito para resolver um conflito e vale a pena ser relatada.

A cena acontece no balcão de uma loja de cartuchos remanufaturados de tinta para impressoras entre Gil, uma jovem de 21 anos, atendente da loja, e uma cliente de 45 anos, a Senhora Alice, proprietária de um escritório de contabilidade.

Cliente: (voz firme e alta) *"Vim trocar este cartucho colorido que comprei aqui, três dias atrás. Como você pode observar na folha de teste, a impressão está totalmente falha."*

Atendente: Usando uma expressão de desagrado, saiu sem falar uma palavra e foi testar o cartucho em outra sala. Voltou e, em tom irônico, disse:

"É claro que não imprime. Seu cartucho está falhando porque não tem mais tinta azul".

Cliente: (irritada) *"Se não tem tinta azul é porque você não colocou, ou você está duvidando de mim?"*

A atendente recuou e não respondeu. O proprietário da loja interferiu e trocou o cartucho da Sra. Alice. Enquanto isso, a atendente se retirou irada, sem poder reagir. A cliente se retirou dizendo que não voltaria mais a essa loja.

Analise o caso: Diante do problema dessa cliente, a atendente sentiu-se agredida porque interpretou a mensagem da cliente como: "Você está me chamando de incompetente." Assumiu um comportamento defensivo (passivo/agressivo) e escolheu a linguagem do conflito para resolver o conflito.

A cliente, por sua vez, se sentiu agredida porque a atendente insinuou que ela seria desonesta. Nessa situação, caberia à atendente não ser fisgada pela agressividade da cliente. Para fazer um atendimento a contento, ela deveria escolher um sentimento positivo que demonstrasse sua vontade em cooperar. Suas ações estimularam mais ainda a irritação na cliente.

Na verdade, a **intenção** da atendente não era resolver o problema da cliente, mas sim defender-se contra a agressão sofrida. A linguagem, portanto, foi uma consequência da intenção.

Conclusão: Os dois lados perderam. A cliente terá de procurar outra loja e a atendente perdeu um cliente, além do estresse vivenciado.

Vejamos como a atendente poderia ter resolvido o problema da cliente, adotando o princípio da cooperação.

Cliente (voz firme e alta): Vim trocar este cartucho colorido que comprei aqui, três dias atrás. Como você pode observar na folha de teste, a impressão está totalmente falha.

Atendente: Realmente a impressão da cor azul está falha. Aguarde um minuto, deixe-me testar o cartucho.

Atendente: A senhora tem usado mais a cor azul do que as outras?

Cliente: Não, uso todas as cores.

Atendente: Vou trocar seu cartucho, mas, antes, o que acha de testá-lo aqui na loja? Assim, evitaremos problemas futuros.

Cliente: Acho ótimo.

É preciso clarificar o conceito do princípio de cooperação, usando como referência um estudioso do assunto.

PRINCÍPIO DA COOPERAÇÃO

"Que sua contribuição à conversação, no momento em que acontece, esteja de acordo com o que impõe o objetivo ou a orientação da troca verbal da qual você está participando."[8]

No episódio citado, a contribuição dos dois lados, atendente e cliente, não estava de acordo com a orientação da troca verbal, no caso, resolver o problema da troca do cartucho.

2º PASSO
Escolha a linguagem para enviar sua mensagem

Este passo é determinante, porque a escolha da linguagem passará ao interlocutor a sua real intenção no processo da comunicação. É aqui que acontecem os mal-entendidos. Dependendo da forma como você usar as palavras, o seu corpo e o território físico, o interlocutor fará suas interpretações.

Se você construir sua fala no formato **"Você é o culpado pelo meu atraso. É sempre assim, fico sempre esperando e você não se apressa. O**

---
8. GRICE, Paul *apud* MAINGUENEAU, Dominique. *Análise de textos de comunicação*, p. 32.

que vou dizer ao meu chefe? Vamos! Diga", acompanhada de **"dedo em riste"** e **tronco para a frente**, com certeza ele se sentirá acuado, julgado e avaliado.

Nesse caso, espere uma reação negativa: agressiva ou passiva. Mas, se o interlocutor for assertivo, terá uma reação madura e buscará mudar o rumo da conversa.

COMUNICANDO-SE DE FORMA DEFENSIVA: CRIANDO CONFLITOS

Pessoas que ouvem com preconceitos e na defensiva usam comumente a comunicação denominada como "você-afirmação", ou seja, buscam culpar alguém por um conflito e responsabilizam os outros pelos sentimentos que estão sentindo. No caso da troca de cartucho, tanto a cliente como a atendente ouviram na defensiva e o objetivo da conversa passou a ser: Quem é a culpada pelo problema do cartucho?

Ao usar "você-afirmação", uma pessoa assume uma postura defensiva e de vítima perante o outro, típica dos comportamentos agressivos e não assertivos. É o estilo de linguagem do conflito que estimula a retaliação da outra parte.

Exemplo de uma linguagem acusadora:

— **Você** é grosso mesmo, hein? **Você** me causou o maior constrangimento ao gritar comigo na frente de todos. Espero que mude seu modo de me tratar.

— Eu fui grosso porque **você** me deixou numa saia justa danada. Quem é **você** para querer alguma coisa? **Você** é quem deve mudar de atitude.

AVALIAÇÃO DA LINGUAGEM DO CONFLITO

Vamos compreender melhor a linguagem do conflito. Aproveite para fazer uma autoavaliação. Verifique quais posturas você tem adotado ou não. Coloque um x nas colunas SIM e NÃO, de acordo com sua avaliação.

LINGUAGEM DO CONFLITO	SIM	NÃO
1. Imposição de ideias ■ "As coisas devem ser feitas como eu penso, caso contrário, saem malfeitas." ■ "Se você não fizer como estou dizendo, está fora do projeto."		
2. Depreciação do interlocutor ■ "Se o outro falar algo errado, denuncio imediatamente a bobagem que falou. Só assim ele aprenderá." ■ "Eu fico irritado quando alguém discorda de mim, principalmente na frente de outros."		
3. Inflexibilidade ■ "Quando entro numa briga, não saio mais. O outro, se quiser, que desista."		
4. Rigidez na argumentação ■ "Antes de falar com alguém, planejo tudo o que vou dizer, o que quero e do que preciso. Não abro mão dos meus limites." ■ "Defendo minhas ideias com unhas e dentes. Só mudo de opinião se me comprovarem que estou errado." ■ "Não desisto. Enquanto o outro não concordar comigo, buscarei novos fatos para convencê-lo de que estou certo."		
5. Autorreferência: é a linguagem que demonstra falta de interesse pelo outro e que não percebe seus sentimentos. Há dificuldade em ouvir o outro. ■ "Minha verdade é tão óbvia, não entendo por que não percebem. As pessoas falam demais. Não tenho paciência de ouvi-las." ■ "Penso que cada um resolve seus problemas. Não posso fazer nada se a pessoa não sabe vender seu peixe." ■ "Tenho um raciocínio rápido. Logo que o outro começa a falar, já sei o que vai dizer. Por isso, interrompo logo, para não perder tempo, ou então, se discordo, contra-argumento, para acabar com a conversa."		

LINGUAGEM DO CONFLITO	SIM	NÃO
6. Excesso de racionalidade ■ "As pessoas que precisam de elogio são fracas. Penso que cumprir com sua responsabilidade é sua obrigação." ■ "Eu não gosto de pedir ajuda a ninguém, porque depois fico devendo favor eternamente." ■ "Dizem que sou fechado. Não abro a guarda, senão as pessoas aproveitam de minha boa vontade. Prefiro manter a distância."		
7. Manipulação do interlocutor ■ "Eu sou esperto. Normalmente, fico de olho nas fraquezas do meu interlocutor, transformando-as em argumentos, para convencê-lo a comprar minha ideia." ■ "Eu falo sempre o que o outro quer ouvir. Por isso, uso as próprias palavras dele como argumento." ■ "Penso que as pessoas só aprendem pela dor. Quando vejo um defeito no outro, não deixo para depois. Aponto sua falha imediatamente, pois, assim, o ajudarei a não cometer erros."		
8. Excesso de empatia ■ "Se é bom para você, tudo bem para mim." ■ "Eu não sabia que podia ir até o limite".		
9. Indefinição e inconsistência na argumentação ■ "Desculpe pela falta de preparo, prefiro observar, pois não posso contribuir."		

REFLITA SOBRE SUA AVALIAÇÃO E PENSE COMO ESTÁ USANDO A LINGUAGEM EM SUAS RELAÇÕES INTERPESSOAIS.

Em quais situações de sua vida, você tem usado com mais frequência a linguagem VOCÊ-AFIRMAÇÃO?

Reflita sobre os itens da linguagem do conflito respondidos afirmativamente. Quais as expressões que você tem mais utilizado? Com quais pessoas? Por quê? Quais os resultados?

COMUNICANDO-SE DE FORMA RECEPTIVA: DESPERTANDO A COOPERAÇÃO

Se você quer se expressar de forma assertiva, o recomendável é construir sua fala utilizando a forma EU-AFIRMAÇÃO. Essa técnica de autoafirmação estimula o interlocutor a cooperar com você, pois não é uma linguagem de ataque-defesa, ao contrário, demonstra que você assume a **responsabilidade por seus sentimentos**.

Eu-afirmação pode ser expresso em quatro passos:

1. Comece com a palavra EU.
2. Expresse seu sentimento, pensamento ou necessidade.
3. Fale sobre o comportamento do outro que causou o conflito
4. Expresse a consequência ou modificação que você deseja e o porquê.

O uso equilibrado do EU-AFIRMAÇÃO o ajuda a expressar seus sentimentos, necessidades e pensamentos, nos diversos papéis e situações que você vive.

A. No papel de vendedor de ideias e objetos, a expressar com firmeza sua argumentação de venda e resolver situações difíceis sem agredir o interlocutor.

Exemplo 1: "Eu (1) me sinto acuado e humilhado, (2) quando você deprecia o meu produto e liga para meu gerente para conseguir descontos (3). Espero que você acredite em mim e negocie comigo, pois, com certeza, farei o que for melhor para nós dois (4)."

Exemplo 2: "Eu compreendo sua situação, mas vejo o problema sob outro ângulo. Penso que, se você sair de casa, terá de, sozinho, cuidar de sua roupa, alimentação, faculdade, enfim, terá de assumir a responsabilidade por sua manutenção. Você refletiu sobre as vantagens e desvantagens de cada alternativa?"

B. No papel profissional, expressando-se com seu chefe, colegas e pares.

Exemplo 1: "Eu preciso de sua cooperação no meu projeto. Caso contrário, nosso cliente ficará insatisfeito."

Exemplo 2: "Eu me sinto constrangido quando você passa a informação diretamente a meu chefe. Que tal conversarmos antes?"

C. No papel de pai ou mãe, expressando-se com seus filhos.

Exemplo 1: "Eu me sinto perdida quando vejo suas roupas espalhadas. Uma raiva toma conta de mim e a dor de cabeça é inevitável. Como você pode me ajudar para eu não me sentir mais assim?"

Exemplo 2: "Eu sei que você acha normal voltar tarde com seu namorado. Mas eu me sinto preocupado com sua segurança, a tal ponto de não dormir durante o tempo que você está fora de casa. No dia seguinte, estou detonado e não consigo trabalhar bem. O que você pode fazer para me ajudar a eliminar esse problema?"

D. No papel de parceiro (marido e mulher).

Exemplo 1: "Eu entendo que você goste de conversar com suas amigas até tarde, pelo telefone, todos os dias. Em consequência disso, eu tenho me sentido muito sozinho. Para que pudéssemos manter um relacionamento mais saudável, o que você poderia fazer para aumentar nossa convivência?"

Exemplo 2: "Quero que saiba que estou cansada de trabalhar fora e ainda fazer o trabalho doméstico. Isso está me causando estresse e mau humor. Gostaria de poder compartilhar os afazeres domésticos com você; caso contrário, teremos de pagar uma empregada. O que você pensa a respeito?"

E. No papel de consumidor, nas diversas situações do cotidiano.

Exemplo 1: Uma pessoa, depois de esperar 30 minutos, numa loja.

— Estou me sentindo desprestigiada por ter esperado na fila para ser atendida. Peço que tomem providências e me atendam em um minuto; caso contrário, vou me retirar.

Exemplo 2: Um rapaz, diante da insistência de uma vendedora numa loja de sapatos.

— Moça, eu quero um sapato marrom clássico. Não desejo nenhum outro. Se não tiver, eu agradeço muito. Até logo.

Quando se usa eu-afirmação, as chances de haver mal-entendidos na comunicação com o outro são mínimas, pois, ao assumir a responsabilidade pelos seus sentimentos, pensamentos e desejos, não acusa e nem avalia o comportamento do outro. Além disso, diminui a chance de criar atitudes de resistências e mecanismos de defesa.

Como dissemos anteriormente, a interação oral é a característica principal da conversação, na qual os papéis de emissor e receptor se revezam, ora você é o emissor, ora você é o receptor. Dessa forma, eu-afirmação é uma excelente ferramenta para o emissor. Como receptor, você pode usar o eu-receptivo. Veja as características do eu-afirmação e do eu-receptivo.

CARACTERÍSTICAS DA COMUNICAÇÃO ASSERTIVA

EMISSOR: EU-AFIRMAÇÃO	RECEPTOR : EU-RECEPTIVO
Dá informações: descrevendo a situação como você vê.	**Busca informações:** solicitando, com polidez, que a outra pessoa descreva a situação como ela a percebe.
Expressa sentimentos: relatando como se sente em relação ao que está acontecendo.	**Procura conhecer os sentimentos do outro:** solicitando à outra pessoa que descreva como se sente em relação à situação. Você compreende sem necessariamente concordar com ela.
Busca mudança no outro: descrevendo o comportamento que gostaria de ver no outro.	**Procura mudança em si próprio:** concordando em modificar seu próprio comportamento, se for necessário.

Como pode perceber, VOCÊ-AFIRMAÇÃO provoca defensividade e EU-AFIRMAÇÃO provoca receptividade. Assim, para estabelecer uma conversação, o ideal é usar a linguagem baseada no princípio da cooperação.

As palavras dizem muito, mas o corpo também fala. O grau de proximidade física entre as pessoas também passa mensagens.

Para desenvolvermos nossa competência comunicativa, é interessante fazer a leitura de toda a linguagem humana.

PALAVRAS
TOM DE VOZ
TERRITORIALIDADE
EXPRESSÃO CORPORAL

Juntos, possuem uma linguagem completa.

Pierre Weil e Roland Tompakow dizem, em sua obra *O corpo fala*, que o território faz parte do "EU". É o espaço pessoal e social.

A territorialidade regula a densidade das espécies de seres vivos — ou seja, a distância ideal entre os seus componentes individuais, para as diversas manifestações da vida em comum.[9]

Para abrir seus territórios, as pessoas precisam se sentir confortáveis, não ameaçadas e também com confiança umas nas outras.

Quando isso acontece, as pessoas se sentem mais próximas umas das outras, a confiança é mais presente, a comunicação é fluida, as pessoas se sentem seguras e o poder se desloca para o compartilhamento de informações.

O importante é identificarmos os territórios alheios e, mediante uma postura de parceiro, conseguirmos, um do outro, a licença mútua para adentrarmos, respectivamente, um no espaço do outro, o necessário para construirmos as bases de uma relação produtiva.

Enquanto o comportamento agressivo vê seu espaço vital enorme, a ponto de invadir o espaço do outro, o passivo o vê pequeno, achando normal que as pessoas entrem e ultrapassem os seus limites. Já o comportamento assertivo vê o seu espaço vital de um tamanho suficiente para sentir-se respeitado e acreditando estar respeitando o outro.

Podemos ter informações de uma pessoa observando seu modo de se vestir, seus penteados e sua maquiagem, assim como observando sua expressão corporal. O corpo fala todo o tempo e, normalmente, fala a verdade, pois, enquanto nossa mente está ocupada em controlar o que

---
9. WEIL, Pierre e TOMPAKOW, Roland. *O corpo fala*, p. 222.

estamos dizendo, nosso corpo fica livre para expressar os sentimentos verdadeiros sobre a situação. Assim, o corpo, por meio dos gestos de braços, pernas, mãos, cabeça, envergadura do tronco, expressa concordância ou discordância ao nosso interlocutor.

Mas não será apenas um movimento do corpo que vai revelar o que uma pessoa está pensando. Normalmente, as emoções são reveladas por meio de um conjunto de movimentos simultâneos. Um bom exemplo é uma pessoa honesta que demonstra esse estado de espírito com comportamento calmo, movimentos corporais descontraídos, olhar no olhar do outro, sorriso sincero etc. Por outro lado, a pessoa desonesta dá outros indicadores: costuma falar rápido, os olhos se movem muito, inclina-se para a frente e para trás, passa a língua sobre os dentes e lábios, põe a mão sobre a boca quando fala, esfrega o nariz ou pisca os olhos etc.

Outro exemplo é a hostilidade demonstrada por uma pessoa por meio de movimentos fechados das pernas, braços e tornozelos, fala rápida, o rosto ruborizado, punhos fechados, o dedo apontado para o outro, riso falso, sarcasmo, postura rígida etc.

Como a maior porcentagem de sua mensagem é recebida por meio da linguagem corporal, veja no quadro a seguir, os tons de voz e as principais expressões corporais exibidas no ato da comunicação assertiva:

LINGUAGEM DO COMPORTAMENTO ASSERTIVO

1. Tom de voz
Seguro, confiante, uniforme, firme, modulado, relaxado e calmo.

2. Postura corporal
Linguagem corporal descontraída e relaxada, com movimentos abertos. Postura natural, bem posicionada, inclinada para frente, autoconfiante, ereto, olhar firme e intermitente.

3. Expressões faciais
Diretas, autênticas, risonhas e ar de feliz.

4. Mãos e braços
Movimentos abertos, informais, espontâneos e despreocupados.

Até que ponto devemos lutar pelas nossas posições sem nos tornarmos inflexíveis?

Nem todas as relações assertivas são destinadas a conservar a mesma posição do início ao fim, sem mudança alguma. A meta é ser flexível e suscetível às relações, tendo claramente definidas quais são as fronteiras e fazendo as mudanças de posição que desejar.

Exemplo do limite da flexibilidade: "Se você realmente acha que não é viável eu me ausentar na próxima semana, respeitarei sua opinião, mas preciso desse treinamento e gostaria de inscrever-me no próximo curso que houver."

Muito bem, definidas sua intenção e sua linguagem, cabe agora envolver o outro no processo de comunicação.

3º PASSO:
Utilize sua competência comunicativa para atingir os resultados desejados

Tornar conhecida sua intenção e garantir que seja devidamente interpretada por seu interlocutor é o objetivo de um processo de comunicação.

Se a sua intenção é provocar um conflito, manipular e depreciar seu interlocutor, é provável que você escolha a linguagem do conflito (neste caso, já sabemos o resultado). Se a sua intenção é evitar conflito é provável que você estimule o seu interlocutor a usar a linguagem do conflito. **Mas, se a sua intenção é resolver definitivamente o conflito, o adequado é usar a linguagem da cooperação. É dessa intenção que trataremos, pois ela é norteada pelas leis do discurso, que regem a competência comunicativa.**

Para falar sobre a competência comunicativa, baseei-me em um modelo de análise de comunicação formado por dois indicadores: (1) a competência comunicativa, construído a partir dos conceitos teóricos do estudioso de linguística Dominique Maingueneau e (2) os quatro estilos de comunicação: Afirmação, Argumentação, Empatia e Envolvimento, elaborados a partir dos conceitos teóricos de Gilles Amado. Também foram considerados, pontos de vista de outros estudiosos de retórica, comunicação persuasiva e teorias da assertividade.

1) A COMPETÊNCIA COMUNICATIVA, segundo o modelo de análise apresentado por Dominique Maingueneau, em seu livro Análise de textos de comunicação.

O gênero aqui discutido é uma **conversa**.

Uma conversa começa com falas ritualizadas sobre o tempo ou a saúde, por exemplo, e encerra-se por despedidas e promessas de um novo encontro; entre essas duas partes, os coenunciadores (locutor e interlocutor) tomam sucessivamente a palavra e a conservam durante um tempo relativamente curto, sem seguir um plano rigoroso.

A conversa apresenta predominantemente a interação oral, na qual os dois (emissor e receptor) interferem na mensagem e constroem juntos o contexto da comunicação. O contexto é importante, pois torna uma mensagem pertinente ou não. A mensagem só terá sentido se considerarmos o contexto no qual está inserida.

Exemplo: Uma placa "NÃO FUMAR" na parede da sala de recepção de um hospital tem um sentido de interdição e é pertinente. Mas a mesma placa na rua ou na praia não fará sentido e não terá credibilidade, em função do contexto.

Compreender uma mensagem é mobilizar diversos saberes: fazer hipóteses, raciocinar e, assim, construir um contexto. Uma questão importante é que o destinatário não é passivo. Ele próprio deve definir o contexto do qual vai tirar as informações necessárias para interpretar o enunciado ou a mensagem. Maingueneau diz que o domínio das leis do discurso e dos gêneros de discurso são os componentes essenciais de nossa COMPETÊNCIA COMUNICATIVA, ou seja, de nossa aptidão para produzir e interpretar os enunciados de maneira adequada às múltiplas situações de nossa existência. As pessoas entendem claramente o sentido da placa de interdição porque mobilizam dentro de si competências essenciais para a produção e interpretação de enunciados. São elas:

- **Competência linguística:** é o domínio da língua em questão. É saber ler e entender a expressão "Não fumar".
- **Competência enciclopédica:** é composta por um repertório de conhecimentos sobre o mundo e que nos dá condições de encadear ações de forma adequada a alcançar um certo objetivo. São os chamados roteiros ou "scripts", ou seja, sequências estereotipadas de ações. Esse saber enciclopédico varia em função da sociedade em que se vive e da experiência de cada um.
- **Competência genérica:** é a nossa capacidade de desenvolver um repertório de respostas ou comportamentos adequados ao gênero do discurso, por meio dos diversos papéis que desempenhamos em nossas comunicações sociais. É olhar e responder positivamente à placa com os dizeres "não fumar", considerando pertinente que, dentro do hospital, local que cuida da saúde, não se deve fumar. Mas, se for na rua, a mesma placa poderá ser considerada como algo incompreensível e ininteligível.

Dessa forma, nossa competência genérica, ou seja, nossa capacidade de produzir e interpretar enunciados, será proporcional ao nosso conhecimento e às nossas experiências, frente aos inúmeros papéis que desempenhamos na vida.

O linguista russo M. Bakhtin considerava o domínio de vários gêneros de discurso como uma economia cognitiva, ao dizer que:

"Aprendemos a moldar nossa fala pelas formas do gênero e, ao ouvir a fala do outro, sabemos logo, desde as primeiras palavras, descobrir seu gênero, adivinhar seu volume, a estrutura composicional usada, prever o final, em outras palavras, desde o início somos sensíveis ao todo discursivo [...]. Se os gêneros de discurso não existissem e se não tivéssemos o domínio deles e fôssemos obrigados a inventá-los a cada vez no

processo da fala, se fôssemos obrigados a construir cada um de nossos enunciados, a troca verbal seria impossível."[10]

Graças a essa competência, não precisamos nos ater a todos os detalhes de todos os enunciados que acontecem à nossa volta e, mesmo assim, somos capazes de identificar o significado das diversas mensagens inseridas em seus respectivos contextos. Nossas respostas não serão adequadas se nossa competência genérica, referente ao gênero de discurso em questão, não estiver desenvolvida.

Exemplo: Uma mulher que passou sua vida desempenhando o papel de dona de casa, ao se ver numa situação que exija o papel de profissional, provavelmente terá dificuldades para emitir respostas e comportamentos adequados.

A competência genérica assegura a comunicação verbal, pois permite evitar a agressividade e o mal-entendido entre o locutor e o destinatário. Um vendedor bem preparado para exercer seu papel sabe qual é a linguagem adequada para falar com seu cliente.

Não existe uma sequência lógica para a manifestação dessas competências; o que ocorre é uma interação entre elas para produzir uma interpretação da mensagem ou do enunciado.

Uma característica da conversa é que toda a organização textual é regida por um **"contrato"**, ou seja, a troca verbal é regida por normas, exigindo das partes um comportamento cooperativo para que elas sejam cumpridas.

Por isso, para produzir enunciados e despertar credibilidade no outro, você deve dominar as leis do discurso, pois elas representam regras importantes à compreensão de suas mensagens. São elas:

- **Lei da pertinência** — estipula que um enunciado deve ser totalmente adequado ao contexto em que acontece, de forma que a informação seja do **interesse do destinatário**.

---

10. BAKHTIN apud MAINGUENEAU, Dominique. *Análise de textos de comunicação*, p. 63.

- **Lei da sinceridade** — demonstra, em suas falas, o engajamento do locutor e o comprometimento com seu interlocutor. A lei da sinceridade não estará sendo respeitada se o locutor enunciar um desejo que não quer ver realizado ou se afirmar algo que sabe ser falso, por exemplo.

Se o interlocutor interpreta a fala como falsa ou como uma promessa inatingível, a comunicação fica comprometida. É o caso do vendedor que floreia seu produto e promete mais do que pode oferecer ou aquele que busca atender somente a seus próprios interesses. Ou ainda o caso da mãe que, para se ver livre da insistência do filho, promete dar-lhe um brinquedo e depois não cumpre sua promessa. O filho, decepcionado, sente-se traído e desrespeitado pela mãe.

- **Lei da informatividade** — implica o fornecimento de informações novas ao destinatário. Caso isso não aconteça, o destinatário não será convencido.

Essa lei explica por que o filho diz para a mãe: "Você está falando de novo, mãe!". "E você não entendeu até agora!", responde a mãe.
A mãe não está atendendo às leis da informatividade e da pertinência, pois, ao se tornar repetitiva, não dá mensagens novas que despertem o interesse do filho.

- **Lei da exaustividade** — exige que o enunciado dê a informação **máxima**, sem exageros e sem falta, e que não esconda uma informação importante para a sua compreensão.

Veja o exemplo da placa dentro do hospital. Uma placa numa parede com duas palavras, "Não fumar", foi o suficiente para informar que a sala é um local para tratamento de saúde e que fumar faz mal à saúde.

Portanto, hospital não é o local adequado para se fumar. Os fumantes procurarão outro local.

É provável que a placa não tenha o mesmo efeito com o seguinte enunciado: "Desculpe o transtorno, sabemos que é difícil para vocês não fumarem, mas, por favor, não fumem."

Essa lei explica por que uma pessoa prolixa torna-se invasiva e compromete os resultados de sua comunicação. As pessoas se cansam e passam a não ouvi-la e até a evitá-la. Por outro lado, existem aquelas pessoas que são econômicas ao falar, infringindo, também, a lei da exaustividade. Uma forma de desenvolver a exaustividade em sua linguagem é definir a ideia central da mensagem e saber qual é o conhecimento do seu interlocutor sobre o assunto. Assim, você não dará nem mais nem menos informação.

- **Lei da modalidade** — exige do enunciador clareza na pronúncia, na escolha das palavras, na complexidade das frases e, principalmente, uma formulação direta e adequada ao gênero do discurso.

A comunicação direta, objetiva e sem rodeios ajuda na clarificação da mensagem. Quando uma pessoa se sente insegura para dizer o que pensa, normalmente sua fala torna-se indireta, com rodeios e justificativas; ela não vai direto ao ponto e seu interlocutor fica confuso, não entendendo aonde ela quer chegar. Assim, o processo de comunicação não se efetiva porque a lei da modalidade não foi atendida.

- **Lei da preservação das faces** — o simples fato de dirigir a palavra a alguém, de monopolizar sua atenção, já é uma invasão no seu espaço, um ato potencialmente agressivo.

Esses fenômenos de polidez estão integrados na teoria denominada **"das faces"**, desenvolvida, desde o final dos anos 1970, principalmente por P. Brown e S. Levinson,[11] que se inspiraram no sociólogo americano E. Goffman.[12] Nesse modelo, considera-se que toda pessoa possui **duas faces**; o termo face deve aqui ser tomado no sentido que possui numa expressão do tipo como **"perder a face"**:

- **Uma face negativa**, que corresponde ao **"território"** de cada um (seu corpo, sua intimidade etc.);
- **Uma face positiva**, que corresponde à **"fachada"** social, à nossa própria imagem valorizante que tentamos apresentar aos outros.

Na comunicação verbal, temos as faces do locutor e do interlocutor a serem preservadas, por si e pelo outro, pois todo ato de enunciação pode constituir uma **ameaça** para uma ou várias dessas faces. Imagine estas cenas:

Cena 1 — Uma ameaça para a face positiva (imagem) do locutor:
"Por favor, perdoe-me por fazer você esperar durante uma hora. Qualquer explicação não justificará meu atraso."

Cena 2 — Uma ameaça para a face negativa (território) do locutor:
"Você não cumpriu com o prometido. Isso me dá o direito de lhe cobrar em dobro o favor que me deve."
É uma ameaça porque compromete a pessoa a realizar atos que demandarão tempo e energia.

Cena 3 — Uma pergunta indiscreta ou um conselho não solicitado podem ser falas ameaçadoras para a face negativa do interlocutor.
"Por que você não trouxe sua mulher para a festa?"
"Eu, se fosse você, convidaria seu chefe para participar da reunião."

---
11. BROWN, P. e LEVINSON, S. apud MAINGUENEAU, Dominique, *op. cit.*, p. 38.
12. *Les rites d' interaction*, Paris: Éditions de Minuit, 1974

Cena 4 — A crítica, tão utilizada em nossas relações interpessoais, é uma fala ameaçadora à imagem do nosso interlocutor.
"Você deveria se preparar melhor para fazer uma palestra."
"Minha sogra tem razão quando diz que você é desorganizada."

Maingueneau mostra uma boa razão para a busca do acordo:

> *"Uma mesma fala pode ameaçar uma face no intuito de preservar uma outra, o que leva os interlocutores a buscar um acordo, a negociar.*
> *Para uma troca verbal eficaz, os dois lados devem buscar a preservação de sua própria face sem ameaçar a de seu parceiro."*[13]

Por essa razão, os interlocutores desenvolvem um conjunto de estratégias discursivas para, juntos, encontrarem um ponto de equilíbrio entre essas exigências contraditórias. Assim, as leis do discurso estão dependentes de uma lei superior, denominada "princípio da cooperação".

Em virtude do princípio da cooperação, os parceiros devem compartilhar um certo quadro e colaborar para o sucesso da comunicação, na qual cada um reconhece seus próprios direitos e deveres, assim como os do outro.

Vimos, anteriormente, que os princípios éticos sugerem que as pessoas procurem benefícios mútuos sempre que possível e que, quando seus interesses entrarem em conflito, insistam em que o resultado se baseie em padrões justos, independentemente da vontade dos dois lados. Assim, podemos obter o que temos direito, sem ferir os princípios éticos do respeito mútuo.

Um comunicador eficaz que permeia sua comunicação com princípios éticos normalmente se relaciona com as pessoas baseando-se em uma linguagem que transmite: **abertura, inclusão, honestidade, escolha** e **responsabilidade**.

---

13. MAINGUENEAU, Dominique. *Análise de textos de comunicação*, p. 39.

- Diz não quando não concorda, não pode ou não quer fazer.
- Expressa sentimentos com facilidade.
- Fala sobre si próprio sem monopolizar.
- É caloroso com as pessoas de que gosta.
- Aceita elogios porque se sente merecedor.
- Expressa elogios sinceramente, porque acredita que o outro é merecedor.
- Expressa concordância quando necessário.
- Pede esclarecimentos quando explicações são insuficientes.
- Pergunta o porquê quando algo não parece razoável.
- Não justifica todas suas posições ou todos os seus sentimentos.
- Reconhece e verbaliza seus erros quando ocorrerem.
- Pede desculpas quando necessário.
- Assume a responsabilidade por suas palavras, ações e sentimentos.

A **atividade verbal é regida por normas**, sendo que cada ato de linguagem implica normas particulares. Maingueneau cita, como exemplo, que o ato simples de fazer uma pergunta implica que o locutor ignore a resposta, que a resposta interesse a ele e, ainda, que seu coenunciador tenha competência para responder-lhe.

Por exemplo, no ato de compra e venda, se o vendedor fizer uma pergunta cuja resposta já é do seu conhecimento, a atividade verbal torna-se manipuladora e agressiva ao seu destinatário, ameaçando suas **"faces"**.

Na relação marido/mulher, essa ameaça também pode se concretizar. Veja o exemplo de uma pergunta da mulher ao marido:

Pergunta: Você vai chegar tarde hoje?
Resposta: Você sabe que sim, por que pergunta?

A técnica da pergunta torna-se pertinente quando o locutor não sabe e realmente se interessa em conhecer a resposta do seu interlocutor. Por exemplo:

Pergunta: Por que você prefere ir ao cinema no sábado?
Resposta: Porque gosto de ir na sessão da tarde.

A competência comunicativa de alguém se comprova quando ela imprime uma conversação dinâmica, com a participação equilibrada dos dois interlocutores, pois o ideal é que haja uma combinação de estilos de comunicação de **influenciar e ser influenciado**, um equilíbrio da **individualidade e da socialização**, ora se posicionando e argumentando, ora ouvindo ou estimulando mutuamente. O resultado será uma comunicação flexível, empática e madura, o que caracteriza a comunicação assertiva.

2) ESTILOS DE COMUNICAÇÃO. A comunicação assertiva é o resultado da utilização flexível dos estilos de comunicação de Afirmação, Argumentação, Empatia e Envolvimento, adaptação feita da teoria segundo Gilles Amado.[14]

Para esta análise, usarei apenas a abordagem sobre os quatro estilos de comportamentos construtivos, que, bem utilizados, flexibilizam e concretizam o processo da comunicação.

Seguindo as premissas de Gilles Amado, psicólogo francês, podemos classificar os estilos de comunicação na interação humana da seguinte forma:

Afirmação e argumentação são os estilos de comunicação que usamos para influenciar e **convencer** as pessoas sobre nossas verdades. Estes estilos dão direcionamento à conversa e dão à comunicação clareza e objetividade.

Empatia e envolvimento são os estilos de comunicação que usamos para dar ao outro o poder de nos convencer sobre suas verdades, estilos que agem como facilitadores da relação entre as pessoas. Estes estilos

---

14. AMADO, Gilles. *La dynamique des communications dans les groupes*. Paris: Armand Colin, Collection, 1987. [Collection U]

gerenciam a relação interpessoal entre os envolvidos na comunicação, sendo vitais para a **persuasão** mútua.

Entenda como funciona cada um dos estilos de comunicação.

Este estilo é adequado quando você precisa deixar claras as suas expectativas, dar limites ao seu interlocutor, dizer **sim e não** a uma situação ou pessoa e dizer em quais bases a conversa deve acontecer. Enfim, é o estilo para dizer diretamente ao seu interlocutor o que você sente, pensa e do que necessita. A técnica adequada é **EU-AFIRMAÇÃO**.
Exemplos:

"Eu me sinto acuada quando você diminui o tempo de execução de uma tarefa."

"Hoje não poderei conversar com você. Podemos falar amanhã?"

"Você tem me pedido para fazer hora extra todo mês. Temos que planejar melhor o nosso trabalho, pois o extra está atrapalhando meus estudos."

"O máximo de desconto é 5%. Nossa tabela não permite maiores descontos."

"Bem, estamos nos reunindo há um mês. Penso que é hora de traçaremos um plano de ação."

Como o estilo afirmação faz perguntas?

Vimos, no item anterior (competência comunicativa), que a atividade verbal é regida por normas e que o ato simples de fazer uma pergunta implica duas condições básicas: que a resposta seja desconhecida e interessante ao interlocutor e que seu emissor tenha competência para responder-lhe.

No estilo afirmação, não é pertinente fazer pergunta e, quando acontece, com certeza, o seu emissor não quer obter resposta.

Este estilo é adequado quando a conversa exige a igualdade de pensamento, ou seja, quando você quer vender uma ideia, um conceito, um produto. Você percebe a necessidade de usar este estilo quando o seu interlocutor tem um pensamento discordante frente ao objeto da conversa e o objetivo da comunicação busca a concordância e o entendimento.

Entende-se argumentação como o ato de convencer o outro a partir da fundamentação clara das ideias e propostas; portanto, predominam fatos, raciocínios e lógica.

Este é o estilo ideal para justificar sua posição, fazer sugestões, dar informações e pedir explicação para entender a ideia do outro.
Exemplos:

"Tenho uma ideia que, acredito, resolverá nosso problema. Você tem uma reunião às 10 horas, no centro da cidade, e eu, às 11 horas, ao lado. Poderíamos pedir ao mecânico para vir pegar o meu carro para conserto e você me daria uma carona de ida e volta. Assim, posso pegar nosso filho na escola e você ficará tranquilo no seu trabalho. O que acha?"

"Estou com um problema para resolver e que vai impactar no seu trabalho. A solução adequada vai nos render 10% de bônus. No entanto, durante o dia de expediente, estou totalmente ocupado. Que tal ficarmos hoje à noite trabalhando e surpreendermos nosso diretor com uma solução rápida e eficaz?"

Como o estilo argumentação faz perguntas?

A pergunta se torna pertinente quando o locutor precisa de informações do interlocutor para fortalecer sua base de argumentação; caso contrário, corre o risco de usar argumentos que não beneficiem o processo de convencimento.

Se uma pessoa faz uma pergunta cuja resposta lhe é desconhecida, pode-se dizer que a pergunta é pertinente ao contexto.

Veja um exemplo:

"Não entendi sua posição contrária ao meu projeto. Gostaria de entender seu ponto de vista. Quem sabe se existe algo que não contemplei no trabalho."

Se uma pessoa conhece a resposta e, mesmo assim, faz a pergunta, pode soar como manipulação, aquele jogo **"te peguei"**, quase colocando palavras na boca do outro.

Veja um exemplo:

"Está vendo? Até você respondeu positivamente à minha pergunta. Então você concorda que eu tenho razão?"

Este estilo consiste em entender o outro e estimular sua participação. Sua utilização se torna pertinente quando, no contexto da conversa, ouvir a posição do outro será determinante para a efetivação do convencimento e da persuasão.

São características do estilo empatia respeitar a opinião do outro, mesmo que seja contrária à sua, conciliar pontos de vista diferentes, estimular o outro a falar sobre suas opiniões e sentimentos e demonstrar, por feedbacks, que os entendeu corretamente.

Veja um exemplo:

"Compreendo seu ponto de vista. Eu, no seu lugar, também sentiria da mesma forma. No que posso ajudá-lo?"

Como o estilo empatia faz perguntas?

A pergunta, no estilo empatia, estimula a participação do outro. Normalmente a pergunta vem acompanhada de um feedback.

Veja um exemplo:

"Compreendo seu ponto de vista. Gostei da sua abordagem quando apresentou o conceito de integração departamental. O que você pensa sobre o meu projeto? Vai ajudar o seu trabalho?"

ENVOLVIMENTO

Neste estilo, predominam o **entusiasmo**, a **autoconfiança** e a **exposição pessoal**. Assim como a empatia, o envolvimento traz o foco do objeto da conversa para a relação. É um estilo que aproxima as pessoas e as compromete com os resultados da comunicação.

Veja alguns exemplos:

"Parabéns, você fez um belo trabalho."

"Gosto muito de trabalhar com você."

"Eu realmente não sei fazer essa atividade. Posso contar com sua ajuda?"

"Se você precisar, pode contar comigo."

"Hoje, você foi importante para o fechamento da venda."

Se o emissor e o receptor usarem, com forte intensidade e simultaneamente um desses comportamentos (afirmação ou argumentação), pode ocorrer o bloqueio da comunicação, pois ambos estarão focados no ato de influenciar um ao outro e não terão ouvidos para a persuasão mútua.

Se o emissor e o receptor usarem um desses comportamentos (empatia ou envolvimento) simultaneamente, poderão desenvolver um clima de confiança, porém se exagerarem no seu uso, podem gerar uma comunicação pobre, condescendente, improdutiva e sem criatividade na solução do problema, pois estarão focados somente em ouvir, elogiar e agradar um ao outro.

Excesso e falta dos estilos de comunicação

Quando você usa exageradamente a afirmação e a argumentação, sua postura se torna agressiva aos olhos do seu interlocutor, dando-lhe a impressão de desrespeito e invasão de território. Nesse caso, automaticamente, faltarão empatia e envolvimento em sua comunicação. Assim, você estará estimulando o outro a sentir raiva, frustração e distanciamento. É o convite para o conflito.

Quando você usa exageradamente a empatia, sua postura torna-se submissa aos desejos do outro. Seu interlocutor pode abusar do espaço que foi cedido e perder o respeito por você. Nesse caso, automaticamente, faltarão afirmação e argumentação à sua comunicação.

No caso de exageros no uso do envolvimento, sua postura pode parecer, aos olhos do outro, como manipuladora e sedutora, que é o caso do comportamento agressivo/passivo.

Quando os estilos não são usados com bom senso, o resultado é o conflito. O uso equilibrado dos quatro estilos comunicacionais confere ao seu locutor uma comunicação assertiva, estimulando o seu interlocutor a desenvolver uma comunicação também cooperativa, em busca de soluções aos problemas do dia a dia.

Faça seu teste. Mostre as características dos quatro estilos de comunicação às pessoas com quem você tem contato e cujas opiniões a seu respeito são importantes. Pergunte-lhes como elas o veem. Depois, compare com suas percepções.

8

REVENDO SUA COMPETÊNCIA COMUNICATIVA:

Ativando seus sentidos e ouvidos

Por que nascemos com dois ouvidos e apenas uma boca?

Segundo o filósofo grego Epíteto, é para que possamos ouvir o dobro do que falamos. De fato, quando ouvimos com atenção o que o outro fala, além de ganharmos a sua simpatia, obtemos outras informações úteis que nos ajudam a resolver problemas e situações da vida.

Saber ouvir não é apenas útil para obter um bom desempenho no trabalho; é, antes de tudo, uma atitude básica de vida, que ajuda uma pessoa a ter bons relacionamentos. Dependendo da situação, de quem fala e do interesse pelo assunto abordado, nossa capacidade de ouvir pode se enquadrar nos seguintes níveis de atenção:

Ouvinte passivo – não presta atenção ao significado da mensagem, não participa da conversa, concorda com tudo e sua retenção é mínima, porque sua preocupação é concordar com o outro.

Ouvinte agressivo – interrompe a fala do outro, contesta a opinião do outro frequentemente e sua retenção é baixa, porque sua atenção está voltada para si mesmo.

Ouvinte ativo – possui o mais alto nível de atenção, escutando toda a mensagem. Presta atenção aos sentimentos do outro, sendo empático e receptivo.

O que leva uma pessoa a ser mau ouvinte?

Muitos são os obstáculos para uma boa escuta. Podem ser motivados por **fatores externos** originados de um ruído no ambiente, de uma falta de clareza do emissor da mensagem, de idiomas diferentes. Os obstáculos também podem ser oriundos de **fatores internos** do próprio receptor, tais como falta de interesse, medo de ser influenciado, sentimentos negativos sobre o emissor e muitos outros.

Imagine-se no papel de receptor, diante de alguém que tenta lhe dizer algo. Como ouvinte, você já se viu reagindo assim?

— Estou tentando te ouvir, mas minha mente insiste em interrompê-lo.

— Estou tentando te ouvir, mas minha mente insiste em pensar em outras coisas.

— Estou tentando te ouvir, mas suas palavras são medíocres e não vão me agregar em nada.

— Estou tentando te ouvir, mas suas palavras são belicosas e não me dá prazer ouvi-las.
— Nem estou tentando te ouvir, porque já conheço a resposta.

Se você concluiu que sim, é preciso promover mudanças, pois, se ouvir traz somente benefícios aos relacionamentos, por que a insistência em permanecer surdo? Tem solução para esse tipo de surdez? Como tornar-se um bom ouvinte? Essas questões serão tratadas neste capítulo.

POR QUE TEMOS DIFICULDADE EM OUVIR?

As bases restritivas nas quais o ser humano se baseia para avaliar pessoas e situações podem explicar as dificuldades em ouvir.

Os valores e crenças são responsáveis pelo pensar e pelo agir do ser humano, influenciando diretamente a capacidade de escutar.

Se resgatarmos o conceito da percepção, lembraremos que o ser humano expressa e interpreta mensagens baseado em paradigmas formados a partir de crenças e valores apreendidos nas experiências de vida. Assumimos assim, que a maneira como vemos as coisas (valores) equivale ao modo como elas realmente são ou deveriam ser.

Na função de filtro da realidade, a percepção se incumbe de selecionar as informações que estão dentro dos parâmetros estabelecidos (paradigmas) a partir dos valores e crenças da pessoa. O resultado do processo de filtragem passa a ser a verdade, a realidade. Isso explica o ditado "Quem conta um conto, aumenta um ponto".

> Os órgãos sensoriais são limitados em seu alcance, tornando-se um risco de corrosão da percepção humana.

Além dos limites de percepção seletiva, existem também os limites sensoriais, que provocam ruídos e obstáculos a uma comunicação eficaz. Nesse caso, a corrosão da percepção é causada pela limitação do alcance dos órgãos sensoriais, principalmente visão, audição e tato, primordiais para o ato da escuta.

A audição é útil para a leitura da linguagem verbal e vocal, abrangendo o ouvir das palavras, a construção das frases, a tonalidade de voz (aguda, média e grave), o volume (alto, médio e baixo) e a velocidade da voz (rápida, lenta e moderada).

O tato faz a leitura da linguagem não-verbal do toque e da aproximação física, como, por exemplo, o cumprimento, incluindo a intensidade do aperto de mãos, o abraço, o toque no braço. Tanto a agressão como o afeto podem ser sentidos pelo tato.

A visão é relevante para "ouvir" o que dizem as expressões faciais, o olhar, o movimento das pernas, braços, tronco e cabeça. A visão faz também a leitura da distância física que separa ou aproxima os dois interlocutores e que determina o grau de informalidade e formalidade da relação.

COMPORTAMENTOS DE UM RECEPTOR QUE MAIS ATRAPALHAM A COMUNICAÇÃO

Avaliação prematura ➤ Consiste em fazer pressuposições. É um mau ouvinte porque presume que entendeu o que o outro disse e chega a conclusões erradas.

Escuta seletiva ➤ É também um mau ouvinte porque seleciona o que quer ouvir e normalmente não capta o verdadeiro conteúdo da mensagem.

Escuta parcial ➤ Outro tipo de mau ouvinte, porque ele só escuta parte do que foi falado. O resto do tempo ele ocupa pensando no que vai responder ou contra-argumentar.

Preconceitos e estereótipos ➤ Consiste em descartar opiniões de pessoas consideradas "menores", que não merecem ser ouvidas porque não têm nada a contribuir. Por exemplo: o estereótipo de um trabalhador braçal pode ser o de um profissional que executa e não pensa. Assim, não tem contribuição a dar para resolver um problema de trabalho.

Comportamento defensivo ➤ Ele se manifesta quando o receptor pressente na mensagem uma ameaça ao seu eu e à imagem que deseja projetar para si e para os outros. A atitude de defesa exige da pessoa um dispêndio de energia à tarefa de se defender, inclusive de si própria. Além do estresse de viver sob o auto policiamento, o ouvinte fica impossibilitado de fazer uma leitura objetiva da mensagem enviada pelo emissor, pois sua escuta é contaminada pelas inferências fantasiosas e criadas com o objetivo único de dar sentido à sua percepção e justificar seu comportamento defensivo. Quanto mais uma pessoa se coloca na defensiva, menos ela será capaz de apreender as palavras, motivações, sentimentos e valores do emissor. À medida que as defesas diminuem, a capacidade de ouvir aumenta, direcionando a atenção do receptor para a estrutura, o conteúdo e os significados cognitivos da mensagem.

> As falas que estimulam o comportamento defensivo não levam em consideração as necessidades, os pensamentos e os sentimentos do ouvinte. Não convidam o ouvinte para um diálogo, e sim ao monólogo.

As falas que desencadeiam os mecanismos de defesa no receptor são:

a) Avaliação e julgamento
Todo ser humano tem necessidade de preservar seu eu. Desde criança, fomos educados para buscar a perfeição e sermos intolerantes com os defeitos.

Por trás de um julgamento, está implícito que o avaliador é perfeito e está acima do bem e do mal, o que lhe dá o direito de expor a imperfeição alheia. Dessa forma, uma mensagem avaliativa pode ser percebida como um ato de agressividade, pois deixa visível a imperfeição do ouvinte, fato intolerável para sua autoestima. Sentir-se julgado por alguém pode aumentar o nível de defesa, principalmente se a mensagem exprimir um conteúdo negativo e ameaçar a autoimagem do ouvinte.

Veja um exemplo:

Emissor — "O que você fez com a máquina de impressão? Você a quebrou e deu um grande prejuízo."

Receptor – "Eu não fiz nada. A manutenção é que não trabalhou direito. Eu não tenho nada a ver com isso. O fato de ter operado a máquina não me faz culpado."

Às vezes, a fala do emissor não tem a intenção de julgamento, mas, mesmo assim, o receptor reage com defensividade. Isso acontece com pessoas que possuem sentimentos de culpa e enxergam no outro a figura de um juiz. Como neutralizar a defesa? A descrição da situação sem buscar culpado e a utilização de uma fala franca e espontânea, de igual para igual, podem neutralizar o sentido de julgamento e diminuir a atitude defensiva.

Veja um exemplo:

Emissor — "Você operou a máquina de impressão durante todo o dia. Ela está quebrada e o prejuízo é de R$ 50.000,00. Deve ter acontecido algum problema sério. Você poderia dizer-me o que aconteceu?"

Receptor —"Trabalhei normalmente na máquina. Não percebi nenhum problema até que ela parou. A manutenção me informou que houve um excesso de uso nos últimos três meses. Meu erro foi não perceber a tempo."

b) Imposição de poder de controle

Quando o receptor ouve a mensagem como uma imposição de vontade, um desejo do emissor em mudar seu comportamento, o sentimento de resistência é acionado e o ouvinte reage contra a forma e não, obrigatoriamente, contra o conteúdo da mensagem. Na verdade, o ouvinte se sente desrespeitado porque a fala do emissor não pede seu consentimento para ser convencido.

c) Manipulação e sedução

Ninguém gosta de se sentir uma cobaia, enganado e seduzido por motivos ocultos. Falas que transmitem falsidade estimulam a desconfiança. E é um sentimento de comportamento defensivo, pois a sensação de estar nas mãos do outro fragiliza o ouvinte. Elogios vistos como exagerados podem provocar resistência do ouvinte, pois são enquadrados como sedução. Em contrapartida, o comportamento espontâneo e isento de dissimulação reduz as defesas. O emissor da mensagem deve se apresentar como uma pessoa íntegra e honesta.

d) Egoísmo e autorreferência

Quando o receptor percebe na fala um indício de egoísmo e de desinteresse pelo seu bem-estar, ele se retrai em seus próprios interesses e se defende de possíveis prejuízos morais e materiais. A autorreferência normalmente aparece nas falas de autoglorificação.

A empatia é o estilo de comunicação ideal para quebrar esse tipo de resistência no ouvinte. Colocar-se no lugar do outro é uma maneira de mostrar sensibilidade e preocupação pelas necessidades do receptor.

e) Postura de superioridade

O sentimento de superioridade é percebido pela fala arrogante e prepotente. É uma forma exacerbada de usar o poder e estimular o ouvinte a sentir-se inferior. A fala pode transmitir um poder emanado da posição do cargo que ocupa no trabalho, do dinheiro, da capacidade intelectual e da beleza física. O sentimento de inadequação leva o ouvinte a resistir ao emissor, defendendo-se do sentimento de inferioridade.

Uma forma de neutralizar a resistência é desenvolver uma relação de cooperação e compartilhamento de experiências, sem o ímpeto de dominar o outro.

f) O sentimento da certeza

Pessoas que emitem falas impregnadas de certeza, que se acham donas da verdade absoluta, dispensam opiniões alheias e convidam seu ouvinte a resistir e a depreciar a fala. O sentimento da certeza se traduz em uma fala inflexível e intocável. O ouvinte se sente excluído e rejeitado. Sua defesa é contra-atacar rejeitando a verdade do outro. A postura adequada para neutralizar a resistência do ouvinte é construir mensagens que transmitam posições não definitivas, abertas às novas ideias.

COMO SE TORNAR UM BOM OUVINTE?

A solução é adquirir a habilidade da escuta ativa.

Escuta ativa é uma técnica que ajuda você a não cometer os erros que atrapalham sua comunicação e afastam as pessoas do seu convívio.

Essa técnica ajuda você a testar se suas inferências são verdadeiras ou fantasias de sua mente, não permitindo que essas inferências determinem seu comportamento.

A escuta ativa contribui para o desenvolvimento da confiança e do respeito mútuo.

A escuta ativa ajuda você a transformar o mau ouvinte em um parceiro comprometido, por meio de um verdadeiro diálogo. O mau ouvinte precisa esvaziar sua mente, abrir espaço para o outro. Ele só conseguirá se transformar em um bom ouvinte se for escutado profundamente. **Uma pessoa bem ouvida está pronta a se disponibilizar ao outro.**

O que acontece quando você escuta verdadeiramente uma outra pessoa?

Todo relacionamento se transforma, diz Stephen Covey.

> Começaram a me escutar e pareciam saborear minhas palavras. Não concordavam nem discordavam, apenas escutavam. Senti como se vissem o mundo da mesma forma que eu. E nesse processo, encontrei-me a escutar a mim mesmo. Comecei a descobrir em mim algum valor.
>
> **Stephen Covey**

Carl R. Rogers, em sua obra *Um jeito de ser*, expressa o seu sentimento de angústia quando percebia que alguém não fora ouvido e, de felicidade, porque, ao ouvir o outro, sua vida se enriquecia. Mostra que ouvir pessoas é um aprendizado sobre as relações interpessoais.

Quando sou ouvido, torno-me capaz de rever meu mundo e continuar. É incrível como alguns aspectos, que antes pareciam insolúveis, tornam-se passíveis de solução quando alguém nos ouve. É incrível como as confusões que pareciam irremediáveis transformam-se em correntes que fluem com relativa facilidade quando somos ouvidos.

Carl R. Rogers

Quando digo que gosto de ouvir alguém, estou me referindo, evidentemente, a uma escuta profunda. Quero dizer que ouço as palavras, os pensamentos, a tonalidade dos sentimentos, o significado pessoal, até mesmo o significado que subjaza às intenções conscientes do interlocutor.

Carl R. Rogers

A escuta ativa é a essência do diálogo, da comunicação de duas vias.

Escutar ativamente implica:

- **Escutar as palavras do outro**, abrindo seus ouvidos, parafraseando o outro, fazendo resumo das ideias principais do outro, ou seja, ocupando sua mente com as palavras do emissor.
- **Escutar os sentimentos do outro**, tendo sensibilidade para perceber quais são os sentimentos que existem por detrás daquelas palavras. Ser empático, ou seja, colocar-se no lugar do outro, entendendo o que ele realmente quer dizer, seus valores, seus interesses e suas necessidades.

Thomas Gordon mostra que, para ouvir alguém, é necessário estar despido de julgamentos, aceitando-o como ele é. Estar totalmente disponível ao outro "como ele é" e não "como o vejo" ou "como gostaria que ele fosse". Nessa forma de escuta, é necessário evitar todo julgamento de valor, não interromper, não criticar e mostrar seu interesse em palavras e atitudes.

Escuta ativa implica também **participação**, fazendo perguntas esclarecedoras, anotando pontos que não quer esquecer, expressando suas opiniões e manifestando o seu interesse pelo que o outro está dizendo, por meio de uma expressão corporal aberta e receptiva.

A escuta ativa oferece benefícios para quem ouve, como também para quem é ouvido.

- **A pessoa que ouve demonstra respeito por quem fala e cria soluções de benefícios mútuos aos problemas.**
- **A pessoa ouvida perde o medo de ser criticada, fica mais aberta para enxergar seus próprios defeitos como comunicador, diminuindo suas resistências a mudanças.**

Pessoas que ouvem com preconceitos e na defensiva usam comumente a comunicação denominada por "você-afirmação", ou seja, buscam culpar alguém por um conflito e responsabilizam os outros pelos seus sentimentos.

Pessoas que se desarmam de suas defesas para ouvir usam comumente a técnica do "eu-receptivo", buscando informações, procurando conhecer os sentimentos do outro e concordando em modificar seu próprio comportamento, quando este não foi útil ou eficaz.

Escutar é uma habilidade treinável que envolve o autoconhecimento. Escutar é um processo ativo, pois requer nossa participação e envolvimento. Escutar é mais do que ouvir palavras, é ouvir os sentimentos expressos pelo corpo todo, pelo olhar e pela entonação da voz.

O processo da comunicação, por si só, não é suficiente; compreende também uma relação interpessoal saudável e madura, percebida como tal, quando se estabelece, entre emissor e receptor, um clima de confiança e respeito mútuo. Confiança e respeito são condições de relacionamentos entre pessoas iguais, como seres humanos, mesmo que estejam em posições social, financeira, cultural e intelectual diferentes.

No processo de comunicação, a confiança pode ser desenvolvida por meio de duas habilidades essenciais da comunicação: **Escuta ativa** e **Expressão transparente e verdadeira**, ou seja, uma comunicação ética entre o emissor e o receptor, pautada por respeito, empatia e tolerância. O contrário disso é uma comunicação manipuladora, pautada pela desqualificação do outro e pela inflexibilidade.

TESTE: COMO ESTÁ MINHA ESCUTA ATIVA

Imagine-se vivendo as situações abaixo. Anote um x na coluna que corresponde à sua resposta.

Itens	Maioria das vezes	Frequente	Ocasional	Quase nunca
1. Ocupo minha mente com outros pensamentos, principalmente quando dizem algo que não quero escutar ou com que não concordo.				X
2. Mesmo que o assunto não seja do meu interesse, eu me concentro no que está sendo dito.	X	X		
3. Normalmente, no meio da conversa, sei o que o outro está falando e paro de escutar.			X	
4. Quando o outro fala, costumo repetir para mim mesmo as palavras que ele acabou de dizer.				X
5. Mesmo que pensem diferente de mim, costumo escutar as opiniões dos outros.	X			
6. Presto atenção nas pessoas, pois acho que sempre vou aprender alguma coisa.	X			
7. Descubro o que as palavras querem dizer quando elas não são familiares para mim, prestando atenção ao contexto no qual elas são ditas.	X			

REVENDO SUA COMPETÊNCIA COMUNICATIVA: Ativando seus sentidos e ouvidos   167

Itens	Maioria das vezes	Frequente	Ocasional	Quase nunca
8. Não tenho paciência para ouvir, por isso crio uma rejeição na mente enquanto o outro está falando.				X
9. Dou a impressão de ser bom ouvinte, mesmo quando não escuto nenhuma palavra do outro.	X			
10. Meus pensamentos viajam enquanto o outro está falando.				X
11. Sou bom ouvinte, porque escuto a mensagem totalmente, tanto verbal quanto não verbal do outro.				
12. Reconheço que as palavras nem sempre querem dizer exatamente a mesma coisa para pessoas diferentes.				
13. Tenho forte escuta seletiva, pois só escuto o que me interessa e apago da mente o resto da mensagem.				
14. Olho diretamente para a pessoa quando ela está falando.				
15. Concentro-me no "que ele quer dizer" do outro, de preferência o que e como ele olha, quando fala.				
16. Eu sei quais as palavras e frases que me deixam emocionalmente tocado.				

Itens	Maioria das vezes	Frequente	Ocasional	Quase nunca
17. Antes de falar, clarifico na minha mente o objetivo da minha mensagem.				
18. Eu escolho a hora certa para dizer algo a alguém.				
19. Antes de falar, penso sobre como o outro pode reagir ao que vou dizer.				
20. Na minha comunicação, considero a melhor maneira (escrita, falada, e-mail, telefone etc.) para emitir minha mensagem.				
21. Antes de falar, penso sobre as características ou sentimentos da pessoa com quem vou me comunicar.				
22. Eu costumo interromper a fala do outro, quando acho que já entendi a mensagem.				
23. As pessoas são óbvias. Daí ser normal para mim presumir o que elas vão falar, aí paro de escutar.				
24. Quando alguém fala ou faz coisas que não gosto, fico na defensiva.				
25. Eu me preocupo com a minha comunicação. Por isso, costumo treinar para ser um ouvinte eficiente.				

Itens	Maioria das vezes	Frequente	Ocasional	Quase nunca
26. Costumo anotar o que o outro diz para não esquecer.				
27. Eu permito que sons me distraiam.				
28. Eu escuto o outro sem fazer julgamentos ou criticá-lo. Apenas compreendo.				
29. Eu reafirmo e repito a mensagem, para ter certeza de que entendi corretamente.				
30. Pratico empatia, parafraseando aquilo que acredito ser os sentimentos do outro.				

Circle os números, de cada coluna, correspondentes às suas respostas. Depois, some os valores escolhidos e encontre o total correspondente. Verifique sua classificação, a seguir.

Itens	Maioria das vezes	Frequente	Ocasional	Quase nunca
1	1	2	3	4
2	4	3	2	1
3	1	2	3	4
4	4	3	2	1
5	4	3	2	1
6	4	3	2	1
7	4	3	2	1
8	1	2	3	4
9	1	2	3	4
10	1	2	3	4
11	4	3	2	1
12	4	3	2	1
13	1	2	3	4
14	4	3	2	1
15	4	3	2	1
16	4	3	2	1
17	4	3	2	1
18	4	3	2	1
19	4	3	2	1
20	4	3	2	1
21	4	3	2	1
22	1	2	3	4
23	1	2	3	4
24	1	2	3	4
25	4	3	2	1
26	4	3	2	1
27	1	2	3	4
28	4	3	2	1
29	4	3	2	1
30	4	3	2	1

CLASSIFICAÇÃO

120 até 105 = ÓTIMO

Parabéns, você deve ser uma pessoa cativante e as pessoas, em geral, gostam de estar com você. Você é paciente e respeita as pessoas.

104 até 89 = BOM

Você escuta bem as palavras e os sentimentos do outro. Tem sensibilidade e se interessa verdadeiramente pela maioria das pessoas com as quais convive.

88 até 73 = REGULAR

Você escuta quando necessário, mas precisa melhorar a escuta ativa.

72 até 57 = FRACO

Você precisa treinar seu ouvido para escutar ativamente.

30 até 56 = RUIM

9

ASSERTIVIDADE E HABILIDADE DE NEGOCIAÇÃO

A assertividade é um ingrediente vital da negociação. Não poderia deixar de falar sobre essa habilidade tão necessária nos dias de hoje, dada sua importância na administração dos conflitos próprios da era do conhecimento.

A informação traz o conhecimento e o conhecimento tornou-se o símbolo do poder, como bem expressa Alvin Toffler: *"Quem tem o conhecimento tem o poder".*

O poder do conhecimento não precisa subjugar o outro; ao contrário, o compartilhamento do conhecimento iguala o poder, o que caracteriza uma relação de interdependência. exige maturidade, muita conversa, muita tolerância com a essência do "EU" do outro.

Tradicionalmente, a negociação tinha a característica de vitória — derrota, agora as pessoas devem buscar maneiras para chegar a acordos com vantagens mútuas. Durante séculos, perdurou, em nossa sociedade e no ambiente empresarial, o sistema da hierarquia, no qual as decisões eram tomadas de cima para baixo, pelas figuras que representavam a autoridade, o poder maior, como pai, professor, chefe etc.

Esse sistema hierárquico, no qual uma minoria domina a maioria, está desmoronando. As pessoas já não aceitam ordens sem questionamentos e não querem ser excluídas do processo de tomada de decisões.

O antigo conceito do uso do poder da comunicação como "ditador de regras" caiu por terra. O paradigma de "imposição" está sendo substituído por "diálogo", tanto na área profissional como na familiar. A opção em negociar é uma forma inteligente de usar seu poder, que pode ser maior ou menor, dependendo da situação.

Pais eficazes dialogam com os filhos, sem perder a referência do seu papel de autoridade. Negociam a entrega da chave do carro e da casa, negociam horário de estudo e de assistir à televisão. Marido e mulher negociam a divisão de responsabilidade pelos afazeres domésticos, de ordem financeira, viagem de férias, periodicidade de visita às sogras, quem leva os filhos na escola, o cachorro ao veterinário, e assim por diante. Na empresa, temos de negociar com o cliente interno e externo, com os fornecedores, superiores, colegas e equipe de trabalho. Negociamos prazos, divisão de tarefas, prestação de serviços, matéria-prima e produtos. Compramos e vendemos ideias, todo o tempo. Vendemos nossa imagem, nossa credibilidade.

O diálogo, às vezes, é atropelado pelo conflito de ideias, de interesses e necessidades. É característica do diálogo a habilidade em negociar acordos interessantes que satisfaçam às partes. Negociar não é abrir mão dos seus valores e necessidades prementes; não é somente buscar a paz e harmonia entre os interlocutores.

A negociação é uma escolha feita por pessoas sensatas e maduras para resolver seus conflitos, que preferem evitar o uso do poder da força física. Negociar é uma forma de resolver conflitos, em que são atendidos os interesses dos dois lados, mediante uma partilha justa, onde cada um ganha de acordo com o valor que agregou na negociação.

Negociar é buscar as melhores soluções aos conflitos do cotidiano, sem ferir-se mutuamente.

Embora as negociações aconteçam com muita frequência em nossas vidas, nem sempre as conduzimos como gostaríamos e deveríamos. Quantas vezes nos sentimos fortes e poderosos, postura firme, e chegamos até a ser agressivos com o outro? E, mesmo assim, vem aquela sensação de vitorioso por ter conseguido mais do que esperávamos de uma negociação.

Quantas vezes nos vimos com menos poder do que o outro, sentindo-nos frágeis e nos portamos com afabilidade para não desagradar o outro? Em muitas dessas situações, concordamos com os resultados da negociação, mesmo não sendo aqueles que queríamos obter. Saímos frustrados, mas acreditando que foi melhor obter pouco do que nada, ou, então, saímos com raiva, pensando que quando tivermos maior poder do que aquele outro, mostraremos a ele quem é mais forte. Existem pessoas que vivem negociando assim, tentando equilibrar essas duas posturas, passiva e agressiva, de forma a conseguirem o que querem e ainda ficar bem com as pessoas.

CONTEXTO DA ANÁLISE DOS CASOS

Serão apresentados dois casos de negociação, analisados sob a ótica da comunicação assertiva. Eles foram extraídos da dissertação de mestrado "A influência da assertividade na comunicação da empresa com o mercado", por mim elaborada e apresentada em abril de 2004. Esse trabalho procurou demonstrar que a assertividade é um fator determinante na comunicação do vendedor para convencer e persuadir seus clientes na compra de seus produtos e serviços.

A análise dos casos de negociação abrangeu duas avaliações: uma da retórica dos vendedores em transações comerciais e outra das opiniões de 46 clientes, ambas baseadas em um modelo de análise de comunicação formado pelos dois indicadores já apresentados no capítulo 7: (1) a competência comunicativa, construída a partir dos conceitos teóricos do estudioso de linguística Dominique Maingueneau e (2) os quatro estilos de comunicação: Afirmação, Argumentação, Empatia e Envolvimento, elaborados a partir dos conceitos teóricos de Gilles Amado e reforçados pelos estudiosos da retórica, comunicação empresarial, comunicação persuasiva e teorias da assertividade.

O gênero de comunicação analisado foi classificado como uma **Conversação Comercial — compra e venda,** com a definição clara de dois papéis: comprador e vendedor.

Para se ter êxito no gênero do discurso de relação comercial devem-se considerar algumas condições[15] explicitadas por Dominique Maingueneau, tais como:

- **A determinação correta e clara da finalidade** da troca verbal é indispensável para que o destinatário possa ter um comportamento adequado ao gênero de discurso utilizado.

    Percebe-se que muitos clientes vêem uma relação comercial com reservas e desconfiança e, provavelmente, adotarão um repertório de comportamentos coerentes com essa visão. O maior desafio do locutor é alterar a percepção do destinatário, para que este altere sua compreensão do enunciado/mensagem. Para vencer esse desafio, o vendedor deve atentar para o primeiro passo do comunicador eficaz apresentado, no Capítulo 7, que é "Defina sua intenção".

---

15. MAINGUENEAU, Dominique, *op. cit.*, p. 67.

- **O lugar e o momento legítimo** — O lugar adequado é o espaço profissional do cliente e o momento legitimado é o estabelecido pelo cliente. Se o vendedor/locutor transgride essas condições, pode significar uma agressividade e falta de respeito para com o cliente/destinatário. Imagine você encontrando seu cliente na piscina do clube no fim de semana. Se você tentar falar de negócios, é bem provável que ele se sinta incomodado, pois não é o lugar legitimado para tal. É o caso do médico que está numa festa e os convidados se aproximam querendo uma consulta "gratuita". Também é o caso do paciente que encontra seu terapeuta em um local público e quer discutir detalhes da última sessão de terapia.
- **O estatuto de parceiros legítimos** — Um gênero de discurso implica na definição clara de **papéis**. A cada um dos envolvidos correspondem direitos e deveres, assim como saberes. Se você tentar dar aula no lugar do seu professor, é bem provável que sofra chacotas de seus colegas de classe, pois você não está credenciado para desempenhar o papel.

Em nosso caso, no papel de vendedor, os saberes exigidos englobam os produtos que está vendendo, o mercado em que atua, o negócio do cliente e a competência comunicativa.

A conversação, gênero de discurso adequado para uma relação comercial, tem como sinônimo mais apropriado o **diálogo**, no qual as duas partes desempenham ora o papel de emissor, ora o de receptor, em que os interlocutores buscam honestamente e sem preconceitos, soluções que satisfaçam aos interesses mútuos. Coerente com essa proposição do diálogo, o alto índice de concordância nas respostas dos clientes indica que eles têm expectativas de que o ato de compra e venda seja um processo comunicacional **interativo**, com resultados bons para ambas as partes.

Os dois estilos de comunicação — **Afirmação e Argumentação** — são usados para convencer o seu interlocutor, por meio da expressão de ideias, opiniões, fatos e dados. Além disso, esses estilos também são utilizados para expressão de valores pessoais que influenciam diretamente a persuasão do interlocutor. Por exemplo: **Ser claro e objetivo** na comunicação está na área da razão, sendo importante para o entendimento do conteúdo e o convencimento do interlocutor. **Falar a verdade** está na área da emoção, sendo importante para gerar o sentimento de confiança e, consequentemente, a persuasão.

Os estilos de comunicação de Empatia e Envolvimento favorecem o diálogo, na medida que estimulam a participação do interlocutor (cliente), envolvendo e comprometendo ambos. Além disso, os estilos Empatia e Envolvimento são os responsáveis pelo "princípio da cooperação".

Outro aspecto que devemos lembrar é que, em um diálogo, seja pessoal ou profissional, o destinatário não é passivo. Ele próprio deve definir o contexto do qual vai tirar as informações necessárias para interpretar o enunciado/mensagem. Numa relação comercial "Compra e Venda" é indispensável conhecer a interpretação do cliente para a "conversa" estabelecida. O vendedor só terá acesso a essa interpretação se usar a "*Escuta Ativa*", ferramenta principal da Empatia.

Por outro lado, é interessante ao cliente manifestar suas necessidades, deixando claras suas interpretações, pois, assim, o vendedor poderá oferecer a melhor solução ao seu problema. Lembramos aqui a importância da habilidade em promover a "abertura". A autorrevelação dos dois lados permite que a comunicação se desenvolva entre iguais, facilitando a reciprocidade no atendimento das expectativas mútuas.

É interessante associar a teoria de Gilles Amado sobre a *flexibilidade no processo de comunicação e os quatro estilos de comunicação* com o conceito de *competência comunicativa* de Dominique Maingueneau para chegarmos a algumas conclusões, tais como:

a) O vendedor poderá usar os quatro estilos de comunicação, com eficácia, se tiver o domínio da linguagem do cliente, conhecer os valores, usos e costumes do ambiente no qual o cliente se situa e, finalmente, desenvolver um repertório de respostas adequadas ao gênero do discurso "Compra e Venda", por meio do diálogo.

As distorções causadas pela má utilização dos estilos de comunicação são explicadas pela falta da competência comunicativa. Quando um vendedor excede ou economiza no uso de qualquer um dos quatro estilos de comunicação, provoca um desequilíbrio no processo de comunicação com seu interlocutor, entrando num caminho de conflito destrutivo. Essas distorções foram identificadas claramente na pesquisa (dissertação de mestrado), nas frases tidas como negativas pelos clientes.

1. Eu não gosto de vendedor *insistente*.

Ser **insistente** significa excesso de **argumentação** do locutor, o que indica uma comunicação rígida, desigual e obsessiva. Portanto, de acordo com a teoria da assertividade, é uma comunicação agressiva, pois constitui-se em uma invasão de "território" e uma fala ameaçadora ao interlocutor. Por outro lado, ser insistente sugere a falta de **empatia** do locutor, o que indica uma falta genuína de interesse por seu interlocutor, dificuldade em ouvi-lo e ausência de percepção dos seus sentimentos.

Algumas frases dos clientes:

- "Quando o vendedor não tem a capacidade de perceber o NÃO. É insistente, quando você não usa o produto."
- "É insistente quando liga todo dia."
- "É insistente em oferecer um produto que sabe já existir em parceria forte com outro fornecedor."
- "É insistente quando fala muito."
- "Vendedor insistente é aquele que não olha o interesse do cliente e só o dele próprio."
- "Vendedor insistente, mesmo que o preço não esteja bom."
- "É o chato. Quando tenta empurrar o que não quero."
- "O vendedor é insistente quando força a venda, sendo inconveniente."

- "Vendedor ousado, atrevido, insistente, chato e que me aborrece."
- "O vendedor é insistente quando quer me convencer e eu não quero."
- "Vendedor 'entrão'. Que força a venda para fechar suas metas."
- "Quando é insistente, nem trabalho com a mercadoria."

2. Eu não gosto de vendedor *enganador*.

Ser **enganador** pode significar excesso de **envolvimento,** indicando uma comunicação manipuladora baseada na sedução, com tendência à falsidade. Pode significar também falta de segurança na **argumentação,** fazendo propostas sem fundamento e inconsistentes, as quais serão de difícil cumprimento. De acordo com a teoria da assertividade, também é uma comunicação agressiva, pois constitui-se em uma invasão de "território" e uma fala ameaçadora ao interlocutor.

Algumas frases dos clientes:

- "Jogar um produto, empurrar o produto e querer enganar."
- "Promete, não cumpre e não dá retorno."
- "Vende gato por lebre."
- "Vendedor não é confiável, pois quer empurrar o produto."
- "Não gosto de promessas que o vendedor sabe que não vai cumprir."
- "A pior coisa é ser enganado pelo vendedor."

3. Eu não gosto de vendedor focado em suas *próprias necessidades*.

Focar suas próprias necessidades e esquecer os interesses do interlocutor indicam ausência do estilo de comunicação de **empatia** e, bem provável, excesso de **afirmação**. A não ser que seu produto seja único no mercado e insubstituível para o cliente, o vendedor estará fadado ao fracasso se adotar esse tipo de comunicação.

Algumas frases dos clientes:

- "Vendedor que não se preocupa com o meu negócio. Só com a venda em si."
- "Falta de conhecimento das necessidades do comprador."
- "Descaso. Quando falta o acompanhamento da necessidade do cliente. Não avalia o crescimento do cliente."
- "Vendedor ansioso, que não se preocupa em perceber o momento certo para dar atenção, entender as necessidades do cliente."
- "O que mais me deixa doido é quando percebo que o vendedor não tem boa vontade de atender, não dá atenção."

4. Eu não gosto de vendedor que faz comparações e
fala mal da concorrência.

Falar mal da concorrência, antes de tudo, é falta de ética profissional. É uma distorção do **envolvimento**, tendendo à manipulação da situação a seu favor. É uma boa forma de perder a credibilidade e a confiança do seu interlocutor. Também é uma comunicação que agride seu interlocutor e que o aproxima mais ainda da concorrência.

Algumas frases dos clientes:

- "Detesto quando um vendedor faz comparações entre a minha loja e as dos outros, colocando sempre o concorrente acima, para tentar vender para mim."
- "Detesto que fale mal do concorrente."

5. Eu não gosto de vendedor que me deixa na mão e
entrega produto errado.

Ao perceber que o produto comprado não veio ou foi trocado por outro, de certa forma, o cliente se sente enganado e não percebe seus interesses como importantes ao vendedor. Realmente é uma situação de ameaça às "faces" do cliente, além de criar um problema real ao seu negócio.

6. Eu não gosto de vendedor que faz brincadeiras em tom de ameaça.

Vendedor que faz brincadeiras em tom de ameaça pode estar se excedendo em dois estilos de comunicação: afirmação, tornando-se impositivo, e envolvimento, tornando-se manipulador. É o comportamento passivo-agressivo, extremamente prejudicial e conflitante.

7. Eu não gosto de vendedor arrogante e antipático.

A arrogância e a antipatia são típicas de vendedor agressivo que excede no estilo de comunicação **afirmação** e peca pela falta de **empatia**.

A melhor interpretação que podemos dar aos adjetivos que os clientes menos gostam no vendedor é que todos eles possuem um sentido de invasão e agressividade. Retratam exatamente o emissor agressivo num processo de comunicação.

Vimos que o emissor agressivo valoriza-se à custa dos outros, expressa-se diretamente, deprecia os outros, escolhe para os outros e atinge os objetivos desejados ferindo os outros. Não é bom ouvinte, pois não considera a opinião do outro; não é empático e envolvente, porque não considera os sentimentos do outro.

Por outro lado, fica evidente que a postura passiva do vendedor não incomoda tanto o cliente quanto a postura agressiva. Podemos arriscar e dizer que a razão principal é que a passividade não ameaça as "faces" do cliente, mas coloca em risco somente as "faces" do próprio vendedor.

Fazendo a seguinte indagação: "**Do que você mais gosta no comportamento de um vendedor?**" pudemos identificar alguns valores que norteiam suas expectativas sobre os vendedores, em geral. As palavras que mais estiveram presentes em suas respostas são palavras-chave da *assertividade* e influem na *fidelização do cliente*. São elas: **Sinceridade, Amizade, Simpatia, Verdadeiro, Honestidade, Interesse pelo cliente, Clareza e objetividade, Conhecimento dos produtos e Pontualidade na entrega.**

Por trás dessas palavras, percebe-se a preocupação dos clientes na busca do "princípio da cooperação", pois, não ameaçando as "faces" do vendedor, consegue ter as suas próprias *"faces negativa e positiva"* também preservadas.

Os dados analisados indicaram que os clientes pesquisados:

- Querem ter como parceiro o vendedor que usa os quatro estilos de comunicação no tempo e no momento adequados, ou seja, que desenvolve uma comunicação assertiva em suas transações comerciais.
- Querem ser convencidos e persuadidos com ética. Podemos verificar a questão da ética na comunicação empresarial, via vendedor, nas respostas dadas às duas perguntas abertas da pesquisa. Os clientes não querem se relacionar com o vendedor que invade seu "território", insistindo em vender algo que só interessa a ele próprio; não querem se sentir enganados "comprando gato por lebre".
- Ainda se relacionam com o estereótipo do vendedor chato, enganador e insistente. Compram desse vendedor quando acreditam que o seu produto tem melhor preço e qualidade, ou seja, não tem concorrência. Mas é uma relação comercial sem fidelização.
- Os clientes demonstram que necessitam de parceiros num mercado de alta competitividade. Parceiro é aquele que consegue convencer e persuadir o comprador a ficar com seu produto, sua empresa e sua pessoa.
- Apesar de não gostarem de parceiro vendedor inseguro, não colocam restrições em se relacionar com vendedores passivos, mas recusam negociar com vendedores agressivos. Essa é a maior contradição entre a fala e a intenção do cliente. Na verdade, ele não quer ser parceiro do vendedor, mas quer que o vendedor seja seu parceiro, aquele que está disponível para servi-lo. Cabe aqui um alerta ao

vendedor: mais do que nunca, nesse mercado competitivo em que vivemos, o vendedor deve optar pela comunicação assertiva e ser um parceiro respeitado pelo cliente.

Concluímos que, no primeiro momento, a assertividade é indispensável ao vendedor, para convencer o cliente a aceitá-lo e querer ouvir sobre seus produtos. Ao longo do tempo, a assertividade é fundamental ao vendedor para tornar-se uma pessoa indispensável ao negócio do cliente, sendo acolhido como um parceiro, e não como um "tirador de pedidos".

Ficou comprovado, nesses casos, que a comunicação assertiva, viabilizada por um conjunto de estratégias discursivas tratadas neste livro, possibilita um equilíbrio na conversação, gerando o consentimento do cliente na aceitação da fala do vendedor.

Chamamos a atenção para dois outros pontos detectados.

1º ponto: A assertividade é determinante para a fidelização do cliente e do vendedor.

Mais do que nunca, a fidelização do cliente tornou-se importante diante de um mercado marcado pela competição acirrada. Para a empresa, não é recomendável correr o risco de perder o cliente à concorrência por falta de competência organizacional.

Além das ações comerciais que a empresa empreende para fidelizar os clientes, ela conta com seus vendedores para fortalecer, definitivamente, o vínculo necessário. Uma postura inadequada do vendedor pode provocar a perda do cliente, conforme vimos no resultado da pesquisa junto aos clientes.

Um cliente, ao dizer do que mais gostava no vendedor, desenhou o perfil de um vendedor assertivo, considerado o mais eficiente para concretizar uma venda. E mais. O cliente deixou claro que uma transação comercial, mais do que uma venda, é uma relação de longo prazo. Ao que tudo indica, o cliente também deseja a fidelização de vendedores.

Isso ficou claro, também, na lista de adjetivos usados para determinar o que mais gostam no comportamento de um vendedor.

2º ponto: A assertividade, por si só, não determina uma decisão de compra. Existem outros fatores que antecipam a assertividade e que influenciam a decisão do cliente, tais como: a necessidade do produto, a condição financeira do cliente e a qualidade do produto. Havendo mais de uma opção no mercado, ou seja, dois ou mais produtos idênticos de empresas concorrentes, em iguais condições, o cliente prefere aquela empresa/vendedor que melhor interagir com suas necessidades e expectativas, sejam elas ao nível da razão ou da emoção.

Um aspecto confirmado na pesquisa, e que cada vez mais influencia a decisão de compra do cliente, é a **postura ética da empresa**, que transparece ao mercado por meio de seus canais de comunicação. Um deles é a venda pessoal, feita pelo vendedor. Portanto, o mercado deseja se relacionar com vendedores éticos, não manipuladores, não rígidos e não impositores. Novamente detectamos que a comunicação assertiva, no mercado atual, torna-se uma vantagem competitiva na comunicação empresarial.

Com o intuito de ilustração, serão apresentados dois casos analisados à luz da comunicação assertiva em situação de "**diálogo comercial**".

Case 1 — A GERENTE APRESSADA

CONTEXTO

A cliente é gerente de uma loja de presentes, com idade em torno de 45 anos. São 9 horas da manhã. Ela está preparando o local para sua abertura. É a primeira vez em que vendedor e cliente se encontram. O vendedor é um jovem, em torno de 30 anos. É uma visita para introdução dos produtos ainda não utilizados pela loja.

Fala 1 — Início da Conversa

C – Olá, tudo bem?
V – Tudo bem. Eu recebi seu recado na semana passada, mas infelizmente só pude vir hoje.
C – Eu não consigo falar com você. Deixei recado com seu colega. Queria passar uma lista de itens de que preciso (cliente fala com a lista na mão).
V – Estávamos com problema nos telefones, mas agora está tudo bem e posso lhe passar as novidades frequentemente.

A conversa iniciou-se com uma reclamação da cliente. Ela demonstra sua frustração, denunciando sua tentativa de contato sem retorno do vendedor.

Cabe ao vendedor reconhecer que a expectativa frustrada da cliente pode fazê-la sentir sua "face negativa ameaçada". Sua resposta foi pertinente, pois, ao dizer, *"Agora, está tudo bem e posso lhe passar as novidades"*, estava implícito que, a partir, de agora ela seria bem atendida e bem informada sobre os produtos.

A pergunta é: Por que ele não entrou em contato com a cliente antes, para pegar a lista por telefone? Ele está dando uma resposta que, agora, não desperta tanto o interesse da cliente. Seu problema não foi resolvido no tempo necessário.

Para cumprir a lei da sinceridade e continuar sendo pertinente em seu enunciado, o vendedor precisa focar no seu problema e dar-lhe respostas sobre a listagem que está em suas mãos, de forma a fazer a cliente sentir-se preservada e recompensada. Caso contrário, a resposta do vendedor poderá demonstrar falta de envolvimento com o problema da cliente.

Fala 2 — Investigação e Apoio às Necessidades da Cliente

Bloco 2.1

C – E essa daqui, no caso, é a nossa lista. Para você ver todos os produtos que nós usamos, você vê se poderia...
V – Claro, claro (vendedor interrompe e pega a lista).

C – Só que agora a gente vai entrar no período de férias, então as compras vão diminuir, mas se você puder ir batalhando esta lista...

A cliente foi pontual no seu problema, entregando a listagem dos produtos que lhe interessam. Ela deu uma brecha ao vendedor para que ele pudesse fazer perguntas sobre seu negócio. Em vez disso, ele começou a discorrer sobre sua empresa e seus produtos, mostrando uma pasta de apresentação dos produtos e serviços, coisas desinteressantes para a cliente, naquele momento.

Bloco 2.2

V – Claro, claro. O nosso intuito é trazer as novidades e poder lhe mostrar exatamente o que nossa empresa está desejando dos seus clientes. Neste momento, não tenho *folder* para entregar, mas tenho todas as informações aqui nesta pasta. Então, para não tomar muito o seu tempo, vamos rapidamente à apresentação. Então, aqui nós temos uma divisão por marca e temos algumas ações promocionais. Meu intuito neste momento não é passar folha por folha, explicar detalhe de cada produto, e sim mostrar as alternativas, com o tempo, no dia a dia, nas visitas. Mas tem produtos aqui que, por si sós, falam. Mas o fundamental de toda essa gama de produtos que eu tenho, é essa parte aqui ó, isso no dia a dia é útil para você, mas isto é fundamental porque acaba selando um pouco a nossa parceria...

Pudemos presenciar uma contradição no discurso do vendedor.

Suas palavras "Então, para não tomar muito o seu tempo, vamos rapidamente à apresentação" expressam uma intenção de objetividade e criam uma expectativa na cliente de agilidade na conversação. Mas o que vimos logo a seguir foi uma fala prolixa (excesso do estilo de comunicação de Argumentação), não pertinente, focada no processo de venda, e não no interesse específico da cliente. O que ela deseja, na verdade, é saber os preços da listagem que havia passado por fax na semana passada.

O vendedor está usando o estilo de comunicação **Argumentação**, no momento em que seria adequado usar a **Empatia**, fazer perguntas para conhecer o negócio da cliente e fortalecer seus argumentos em prol do negócio da cliente. A cliente, provavelmente, se sentiria mais motivada para a conversação.

Porém, para agir de acordo com essa linha de raciocínio, o vendedor precisa desviar sua atenção egoística do seu negócio e focar sua atenção no problema da cliente, o que chamamos de empatia. Como ele não está empático, não consegue ver e ouvir por trás das palavras da cliente, ou seja, não tem o domínio da ESCUTA ATIVA.

Relembrando o conceito de escuta ativa, **Thomas Gordon** diz que é estar totalmente disponível ao outro "como ele é" e não "como o vejo" ou "como gostaria que ele fosse". Mostra que, nesta forma de escuta, é necessário evitar todo julgamento de valor, não interromper, não criticar e mostrar seu interesse com palavras e atitudes.

O nosso vendedor, continuando assim, poderá se exceder no estilo de comunicação de **Argumentação**, tornando-se inconveniente aos olhos da cliente, o que, segundo Maingueneau, pode se caracterizar como um ato monopolizador agressivo, portanto uma invasão territorial, e considerado como uma ameaça à "face negativa" da cliente.

O vendedor precisa dar pertinência à sua visita, caso contrário, a cliente não efetuará a compra, pois sua expressão corporal denota impaciência com o discurso do vendedor.

Bloco 2.3 — continuação

C – Eu agora estou comprando a marca Y desse produto.
V – É, mas essa marca concorrente que a senhora escolheu *ficou muito cara*.

A afirmação do vendedor contraria a escolha feita pela cliente, o que pode significar ir de encontro a uma necessidade do ser humano que é sentir-se competente em suas decisões. Quando isso acontece, o fenômeno "Dissonância Cognitiva" é acionado e a tendência da pessoa é buscar internamente um pensamento concordante que lhe dê uma informação de alívio ao seu mal-estar, proveniente da contrariedade. É provável que essa informação seja para desaprovar o vendedor. É a chamada *defesa perceptiva*.

Bloco 2.4 — continuação

C – Você acha mesmo?
V – Sim, mas *eu vou dar uma opção para a senhora*.

Esse é um jogo que pode prejudicar a venda: "Você fez algo errado. Mas estou eu aqui, agora, para salvá-la. Você não entende disso, mas nós, sim." *Esse jogo pode soar como manipulação e criar chances de objeções também manipuladoras, pela cliente.*

Bloco 2.5 — continuação

C – Bem, eu achei que o negócio foi bom e barato. Se você pensa diferente, então veja o que você pode fazer de melhor do que a opção que eu escolhi. Porque muita coisa me interessa, mas tem o *preço*...

A cliente se defende dizendo que ela achou o negócio bom e barato e assim fez uma boa parceria. Esse é um argumento forte e convincente para manipular o vendedor. E foi o que a cliente fez. Pediu-lhe uma proposta mais barata ainda, ou seja, o vendedor terá, provavelmente, de oferecer bons preços e bons descontos.

Bloco 2.6 — continuação

V – Para nós, não é interessante o seu volume, ter uma carreta de produtos não é o mais interessante, mas sim a satisfação. Para isso, a gente vai lhe fornecer bem, produtos e marcas, materiais como esse, e, com o tempo, dentro dos seus quadros normais de compras, nada que a obrigue. Não precisa comprar uma tonelada de produtos para poder ganhar os benefícios de ser nossa cliente... Queremos apenas sua fidelidade.

Esse discurso não sensibilizou a cliente. Soou falsa a frase de que a empresa não está preocupada com o volume.

Foi-lhe, sim, oferecido mais espaço para buscar seus próprios interesses. A cliente está com seu poder aumentado pelo próprio vendedor; consequentemente, o poder do vendedor está diminuindo.

Já que a empresa não está preocupada com seu volume, sente-se à vontade para pedir, mesmo sem dar nada em troca, o que, em processo de venda, é inadmissível. Torna-se uma troca verbal perde-ganha para o vendedor. É o que ela faz na próxima fala:

Bloco 2.7

C – Uma coisa que interessa é que aqui eu tenho problema de parceria para fazer é a decoração das prateleiras, tá?
V – Certo. Este aqui é o padrão nosso, que nós temos dentro da companhia, tá? Como é que a empresa vê um cliente? Não, vamos fornecer à vontade para esse cliente? A primeira coisa que eles olham é o histórico do cliente; não é o histórico de vendas, não é o histórico de volumes, é o histórico do cliente.

Novamente, o vendedor não foi objetivo em sua resposta. Aliás, não respondeu à pergunta da cliente. Desenvolveu outro discurso que soou adulação. O vendedor está andando na contramão da construção de confiança entre ele e a cliente.

Fala 3 — Fechamento da Venda

C – Isso aqui me interessa, *viu, para minha programação (cliente fala apontando a lista que está nas mãos do vendedor).*
V – No final do ano nós vamos...
C – É porque agora está meio atrapalhado... (cliente despachando o vendedor)
Mas eu te passei a relação dos produtos que uso. Eu gostaria que você visse aí *o que pode fazer por isso, certo? E aí eu vou ver o que eu pago, você sabe. Sabe, então, quando eu começar a comprar, agora entendeu, novamente, a gente já começa a fazer um trabalho legal. Entendeu?*

v – Deixe-me ver... *Este produto aqui está em falta, quanto aos outros, preciso verificar no estoque...*

A cliente deu a dica ao vendedor de que ele está se excedendo na sua argumentação. Ela demonstra impaciência e já deixou implícitas suas condições de compra: preço baixo, decoração de prateleiras etc.

O vendedor não percebeu que invadiu o território da cliente e que deve sair imediatamente. Em vez de se posicionar positivamente, apresenta uma fala negativa, dizendo o produto que está em falta (**compradora pede licença para atender telefone e sai**).

Fala 4 — Encerramento

Nada foi concluído. Nenhuma promessa de compra. Apenas condições para compra, a favor da cliente. Depois de algum tempo, ela volta. O vendedor se despede, prometendo retornar com a lista da cliente analisada.

ANÁLISE FINAL

Estilos de Comunicação

Esse vendedor usou com predominância o estilo de comunicação de Argumentação seguido pelo estilo de Envolvimento. Usou com menor intensidade os estilos de Empatia e Afirmação.

O vendedor não apresentou assertividade, pois houve um desequilíbrio em sua comunicação, ou seja, usou excessivamente o estilo de comunicação de Argumentação e faltou-lhe o estilo de Empatia.

A falta de assertividade diminuiu seu poder de influência. O vendedor deveria ter dito **não** para sua vontade de argumentar e aumentado o volume do seu ouvir. Provavelmente, teria encontrado o equilíbrio entre individualidade e socialização, conseguindo atingir a eficácia em sua comunicação. A Escuta Ativa contribuiria efetivamente para um resultado animador.

COMPETÊNCIA COMUNICATIVA

Preservação das faces	Logo no início, a fase de aquecimento foi comprometida pela face positiva não preservada da cliente. Sua imagem não foi valorizada como ela esperava, ao não ter retorno de sua ligação telefônica. O vendedor também teve sua face negativa ameaçada na medida em que não atendeu a uma expectativa da cliente. No decorrer da conversação, a ameaça perdurou, principalmente com relação ao "território" da cliente invadido pela fala argumentadora excessiva do vendedor. Pode ser visto, por alguns, como um ato invasivo e agressivo, provocando a exclusão do invasor.
Pertinência	Avaliando o enunciado como um todo, poderíamos dizer que não houve pertinência. Em geral, a fala do vendedor não despertou o interesse da cliente. Pelo contrário, em alguns momentos ela se mostrou incomodada pela fala longa e sem pertinência para o contexto. A cliente estava apressada, preocupada com a organização do recinto. Naquele momento, seu interesse maior era ver sua "listagem" resolvida. O vendedor usou indevidamente o tempo da cliente ao apresentar seu portfólio.
Sinceridade	Esse foi um item que influenciou na comunicação ineficaz que se estabeleceu entre os dois. O cliente pode interpretar como falta de comprometimento quando o vendedor não responde objetivamente às suas perguntas e não resolve seu problema no tempo esperado. Faltou engajamento do vendedor ao problema principal da cliente.
Informatividade	O vendedor estava fornecendo informações novas mas não pertinentes ao contexto. Portanto, não fizeram o efeito esperado que era de convencer e persuadir a cliente no sentido de que suas condições de venda eram as mais promissoras.
Exaustividade	O vendedor não respeitou esta lei do discurso. Exagerou na argumentação, falando com prolixidade sobre

	produtos e desafiando a competência da cliente em suas escolhas de parcerias. Por outro lado, escondeu a informação principal para conquistar o ouvido da cliente: "solução de sua lista".
Modalidade	Esta lei também foi totalmente infringida pelo vendedor. Construiu frases longas durante sua tentativa de argumentação.

Case 2 — O ADVOGADO DA COMIDA

CONTEXTO

O cliente, em torno de 50 anos, advogado, é proprietário de um restaurante que serve massas e grelhados, serviço *a la carte*, em que o cliente escolhe os ingredientes do molho para massa.

A vendedora é jovem. Não conhece o cliente e nada sabe a seu respeito. O objetivo da visita é conhecer o cliente, identificar suas necessidades e apresentar seus produtos.

Fala 1 — Aquecimento

V – Dá licença. Boa tarde. Eu sou da empresa xxx. Posso conversar um pouquinho com você?
C – Ah, sei. Boa tarde.
(cliente convida a vendedora para sentar).
V – Vim aqui ver se você usa os nossos produtos e ver se você conhece.
C – Conheço algumas coisas. XXX, a gente usa. Eu uso caldo de carne, de galinha, não me lembro mais. Da XXX, é só isso.
V – Aqui, eu tenho uma pasta que fala um pouco da empresa, tem as nossas marcas, nossos produtos. E aí, você visualizando, fica mais fácil para você ver os produtos que utiliza *(colocou a pasta diante dos olhos do cliente).*

Inicialmente, a vendedora cuidou da preservação de suas faces e das faces do cliente. Pediu autorização do outro para introduzir-se no seu "território", evitando, assim cometer um ato invasivo e agressivo.

Seu estilo de comunicação de Afirmação é totalmente apropriado para sua introdução em um território desconhecido. Mostra claramente a pertinência de sua visita, de forma segura, sem arrogância, ao explicitar suas expectativas e esclarecer seus objetivos e interesses nessa visita. A entonação de voz, a firmeza ao penetrar no ambiente e a naturalidade com que afirma seu EU determinam uma postura inicial de **Comunicação Assertiva**.

Ela determina as regras do jogo (**Aqui eu tenho uma pasta que fala um pouco da empresa, tem as nossas marcas, nossos produtos. E aí, você visualizando, fica mais fácil para você ver os produtos que utiliza**) com naturalidade, transmitindo ao cliente a ideia do compartilhamento.

A vendedora usa um tratamento informal "Você". Está implícito nesse signo social de tratamento as condições de igualdade que ela estabelece nessa transação comercial.

O cliente reage positivamente e demonstra imediatamente o **princípio de cooperação**, pois aceita a conversação, legitimando-a assim no **papel de provedora de soluções**.

Fala 2 — Identificação das Necessidades e Soluções

V – Aqui, você tem os molhos da linha XXX. Nós temos vários tipos de molhos. Molho branco, quatro queijos, molho escuro, molho madeira....
V – Aqui, é o creme culinário, de origem vegetal. Você utiliza algum creme?
C – Não, aqui não dá para usar.
V – Ah tá. Esse é o diferencial pois ele é de origem vegetal. Aqui, temos as preparações para frituras, à dorê, à milanesa, o que elimina todo aquele processo artesanal do ovo, da farinha. É só passar no produto e utilizar.
V – Aqui, são as linhas de caldos de sopas, creme de cebola, molho inglês, molho pimenta etc.
C – Mas vocês vendem isso aqui para restaurantes? *(cliente admirado)*

V — Vendemos. A minha empresa tem uma divisão que trabalha essa linha para hotéis, restaurantes...
C — Os restaurantes não preparam? Eles compram pronto assim?
V — Ah, tem muitos restaurantes que preferem comprar pronto. Você faz tudo aqui? Você já experimentou? *(Empatia)*
C — Nós não fazemos quase nada. É porque nosso restaurante, na verdade, é especializado em grelhados.
V — Depois, você pode deixar eu dar uma olhada em seu cardápio?
V — (volta para a apresentação da pasta) A linha de ketchup.
(telefone toca e cliente vai atender. Demora mais ou menos 10 minutos para voltar).
C – Com licença?
V – Fique à vontade.
Cliente volta.
C – Você viu o cardápio?
V – Sim. Então, os produtos que você tem aí, alguns você usa. Aqui, nós temos a marca Y... Aqui, é a parte do marketing que a gente faz junto aos nossos clientes. Aqui, tem suporte para molhos, que a gente fornece. Aqui são os jogos americanos, suporte para sachês, avental para garçons.
C – Vocês fornecem todos os aventais??
V — É. A gente faz uma parceria com o cliente. Fornece todo o uniforme, todos esses outros materiais.
C— É, mas, na realidade, eu só uso o caldo XXX.
V – Então, eu gostaria de ver a possibilidade de a gente agendar uma demonstração. No caso, se você permitir, a gente vê um dia mais tranquilo, uma hora mais tranquila, aí eu venho, trago uniforme, trago os molhos para prepararmos juntos, com seu cozinheiro. Coisa de uma hora no máximo, eu já consigo demonstrar os nossos produtos, que seria a linha de molhos. *(Argumentação)*
C – É, o problema é o horário do pessoal. Teria que ser na hora da saída. *(objeção)*
V – Meia hora antes eu posso vir. No caso, vamos agendar com eles. A gente vê a possibilidade de um dia mais tranquilo. É cozinheiro ou cozinheira?
C – É cozinheira.
V – Até que horas ela fica?
C – Até as 4.
V – Até as 4. A gente pode marcar para umas 3, 3 e meia, eu chegando aqui, dá tempo.
C – O problema é se às 3, 3 e meia tiver alguma coisa para fazer. Por que não deixamos nada pronto, é tudo feito na hora. *(objeção)*
V – Ah, sei. Mas, no caso, ela sai às 4 e entra uma outra cozinheira?
C– Ás 5 horas da tarde entra outro pessoal. Geralmente, o pessoal chega às 5 e meia.
V – E qual é o seu horário de maior movimento?
C – Por enquanto, nenhum. Tá tudo fraco.

V – Então, por isso mesmo que a gente tá marcando nossas demonstrações agora, porque tem muita gente de férias, o comércio está bem mais tranquilo, em meia hora eu faço. Eu vou demonstrar três tipos de molho para sua cozinheira conhecer. É o molho branco, molho quatro queijos e o molho escuro, que a gente trabalha muito para carne. Só para vocês conhecerem o produto.
C – É que a gente não trabalha com esses. O molho branco, sim. A gente trabalha com molho branco, bolonhesa e molho ao sugo. *(objeção)*
V – A gente pode demonstrar o molho branco. São 10 minutos, no máximo. O que você acha? A coisa é rápida. Não vou tomar muito tempo.
C – Não sei. O problema não é esse. Eu acho que você é quem vai perder muito tempo, para a gente, que quase não usa esse molho. *(objeção)*
V – Perder tempo, eu não vou perder. Porque o objetivo não é somente, vir aqui e vender. Queremos que você conheça nossos produtos. *(Envolvimento)*
C – Na verdade, a gente conhece, porque a gente usa em casa. *(objeção)*
A gente faz em casa, na praia. Eu acho que o uso comercial é complicado.
V – Você acha que é complicado por quê? *(Empatia — diante do impasse, a vendedora busca novas informações)*
C – É o tipo de molho que não dá para usar aqui. (Cliente vai atender o telefone.) *(objeção)*
C – Para o meu tipo, não dá. Veja só. Se eu coloco molho branco pronto, aí eu coloco uma gorgonzola, uma alcaparra lá dentro, ninguém consegue comer aquele molho. Você tem que deixar meio pronto e aí o que ele pedir... É só acrescentar: quero calabresa, bacon, e colocar no molho. É só aquecer e colocar na massa.
Se eu pegar o molho de vocês, que já tá preparado para ser consumido, eu vou colocar calabresa, alcaparra...
V – Você acha que fica pesado? *(Empatia)*
C – É salgado demais. Por isso que meu molho não tem quase sal. Ele está preparado para colocarem o que quiser, bacon, calabresa, gorgonzola. Se ficar salgado, o cliente não vai mais voltar.
V – Tem que ser um molho leve!! *(Empatia — concordância)*
C – Exatamente. Tem que ser um molho quase sem sal.

Essa fase exige do vendedor a sensibilidade para dosar os dois estilos de comunicação: **Argumentação e Empatia**. A nossa vendedora consegue fazer esse equilíbrio com maestria. Mostra, também, habilidade em fazer perguntas, técnica excelente do estilo Empatia e que fortalece sua Argumentação. Procura entender o cliente, coopera com ele e o estimula a participação. Trabalha bem com a **Escuta Ativa**.

Fala 2 — Continuação

V – Está certo. Mudando agora um pouco o assunto de molho, mudando para sobremesa. Aqui, você trabalha com mousse de chocolate.
C — Era da marca x. Não estou trabalhando mais.
V – E se eu pedir uma mousse de chocolate?
C – Eu não tenho mais. Meu problema com a empresa x, não era com o produto deles. É que demorava para sair e eu tinha que comprar aquela embalagem, em caixa, e eu acabava perdendo tudo. *(objeção com informação gratuita)*
V – E se eu te falar que a nossa empresa tem o produto, deixe-me mostrar... É a parte de confeitaria e padaria.
A nossa empresa tem bases de preparados de mousse de chocolate branco e chocolate preto. Hoje, essa embalagem de 1 quilo tá saindo em torno de R$18,50. Ele, rende 60 porções de 50 gramas. Então, o custo para você com a embalagem, com o chocolate para pôr em cima, uma cereja para decoração do mousse, ele sairia em torno de 80 centavos a 1 real. E aqui você estaria vendendo por R$ 4,70. *(argumentação)* Qual o peso do mousse que você vendia?
C – Era uma porção mais ou menos assim, oval, em torno de 70 gramas. Ela começou a dar problema. Então, eu comecei a comprar aquela grande, cortada em seis pedaços.
V – Você cortava e servia.
C – Tinha um problema, você cortava e o consumo interno (dos funcionários) era maior. Só me dava prejuízo. Então, agora já não tenho sobremesa. Estou estudando o que vou fazer, mas eu não quero preparar nada.
V – Ah, você não quer preparar? *(pergunta de argumentação)*
C – Eu quero pronta. Porque sobremesa preparada é um pepino para nós.
V – Por quê? *(Empatia)*
C – Porque você deixa na mão de funcionário e ele não faz.
V – Mas você não acha mais caro comprar? *(pergunta de argumentação)*
C – Eu sei que é mais caro, mas, para nós, é mais prático. Já vem pronta.

Ao mudar de assunto, a vendedora usou o recuo estratégico mostrando sua flexibilidade no uso de estilos de comunicação, típico de pessoas assertivas. Até então, tem se mostrado persistente no ato de influenciar. Se insistisse mais um pouco, ela se tornaria inconveniente, ferindo a face negativa do cliente.

A vendedora vem tratando as objeções com coragem e ética, sem manipular o cliente. Faz perguntas para entender o porquê da discordância do cliente. Utilizando o estilo Empatia, consegue captar o motivo da resistência do cliente com as sobremesas. Toda a sua argumentação é construída para ajudar o cliente a ter sucesso em seu negócio, sem prejudicar os interesses da vendedora. Uma argumentação assim construída reforça o princípio de cooperação e, nessa hora, o cliente diminui suas defesas e terminam as objeções. Estabelece-se um clima de confiança.

Fala 3 — Fechamento da Venda

V – O que você acha de fazermos uma demonstração da mousse? Trago uma embalagem, preparo, para você ver a facilidade, porque é uma base pronta na qual você vai adicionar só dois litros de leite bem gelado, bater e está pronto a mousse e é só acondicionar em embalagem descartável, colocando na geladeira... *(vendedora propõe solução ao cliente)*
C – Tem mousse de chocolate e que mais? *(cliente manifesta interesse)*
V – Com a massa de chocolate branco, você faz mousse de maracujá, de limão ou de qualquer outra polpa de fruta. (Argumentação)
C – Todas as outras frutas?
V – Do branco, sim. Do branco, você consegue de limão, de maracujá e de qualquer outra fruta. Entendeu? Basta acrescentar o suco da fruta.
C – E você pode fazer numa escala menor? Em 15 minutos....
V – Claro, pode. No caso, se você permitir uma demonstração, eu vou trazer todo o suporte. Vou fazer umas 20 unidades de mousse. Se o tempo estiver bom e vendendo bem, sua cozinheira vai usar o suporte para medida. E você não vai perder nada.
C – Quanto tempo dura?
V – Três dias. Aí é que está o diferencial. Você consegue fazer 10 unidades, assim como duas unidades, 30 unidades, o quanto você quiser. Não necessariamente você precisa fazer 60 unidades e deixar aí, entendeu? Você faz de acordo com a necessidade. Tem época do ano que sai mais....
C – No verão?
V – Exatamente. No verão nós trabalhamos muito com maracujá, limão, frutas mais leves. Entendeu? Então, você consegue fazer em quantidades menores para não ter perdas em sua cozinha. Aqui, eu consigo trazer uma embalagem e, em 20 minutos, a gente prepara. Aí, no caso, eu trago, a gente prepara, deixa gelando e você vai vendo a aceitação dos clientes. Vende, vê o que os clientes tão achando... se gostaram, se não...
C – Ok. Vamos fazer, senão você vai achar que eu sou do contra.
V – Não, de maneira alguma. Meu objetivo aqui não é somente vender, é trazer serviço, agregar o seu trabalho, entendeu? Trazer algo que você também fature.

Então, quando a gente pode marcar a demonstração? Qual o dia mais tranquilo? Na semana que vem, infelizmente, eu não vou poder vir nem na terça e nem na quarta. Mas segunda-feira de manhã é tranquilo, na quinta-feira, ou ainda na outra semana.
C – De preferência à tarde. Três horas da tarde.
V – À tarde. Três horas. O que você acha de quinta-feira, dia 15, às 15 horas? Então, eu vou trazer a mousse...
C – Você vai fazer o molho também?
V – Vou trazer o suporte, vou trazer o molho também. Eu só vou pedir uma gentileza. Eu posso usar o seu leite?
C – Pode. *(Cliente brincando)* Você podia trazer o leite geladinho, também...
V – *(vendedora não percebe como brincadeira)* Aí é que tá. Como eu trabalho na rua não dá para trazer gelado.
C – De quantos litros você precisa para eu deixar pronto?
V – Dois litros gelados. Faz assim, deixa só um litro. A gente faz meio pacote. Pode fazer os 60 e deixar aí. Um litro de leite bem geladinho. Pede à cozinheira para colocar um dia antes na geladeira e, no outro dia, estará ótimo. A gente faz uma demonstração, você experimenta, vê o que você acha, está bom, Sr. Takamoto?

A vendedora testa a persuasão do cliente, oferecendo uma solução para as sobremesas. O cliente mostra que foi persuadido, mas não convencido. O resultado da experiência com o produto poderá levá-lo ao convencimento ou não.

Nessa fase, o uso do estilo de Envolvimento pela vendedora foi eficaz para selar o clima de confiança. Por exemplo: Não, de maneira alguma. Meu objetivo aqui não é somente vender, é trazer serviço, agregar o seu trabalho, entendeu? Trazer algo que você também fature. Isso não deixa de ser um argumento focado na persuasão do cliente.

Fala 4 — Encerramento

V – Eu vou deixar um cartão, qualquer coisa, se surgir algum imprevisto, não der para atender. É só ligar. Tem um cartão daqui para me dar?
V – Bem, tem aí meu cartão, meu telefone, qualquer dúvida, você dá uma ligada, mas quinta-feira, às 15 horas, eu estou aqui. Está bom?
C – Ótimo, até lá...

ANÁLISE FINAL

Estilos de Comunicação

Podemos perceber que a vendedora manteve o controle da situação durante toda a conversação. Conseguiu estabelecer uma sintonia com o cliente e devido à sua flexibilidade no uso de todos os quatro estilos de comunicação, influenciou e aceitou a influência do cliente. A vendedora gerou o seu consentimento, ou seja, o cliente tomou a decisão, por si, de aceitar as ideias da vendedora. Em nenhum momento houve imposição de ideias, sentimentos e interesses.

A vendedora foi firme em suas ideias, fez sugestões concretas e as defendeu com vigor, argumentou com fatos e dados, deu informações, pediu explicações para entender as objeções do cliente, respeitou a opinião do cliente, mesmo sendo diferente da sua, estimulou-o a expressar suas opiniões e sentimentos com relação a molhos e sobremesas, conciliou quando havia pontos de vista diferentes, liderou a conversação com sinceridade e conseguiu incentivar o outro a provar do seu produto.

A vendedora colocou em prática o melhor do conceito de assertividade, com a postura ganha-ganha.

Essa vendedora mostrou um comportamento ativo, direto e honesto, transmitindo uma impressão de autorrespeito e respeito pelo cliente. Ela venceu pela influência, atenção e negociação, oferecendo ao cliente a opção pela cooperação. Não ofereceu retaliações e estimulou a comunicação de mão dupla.

COMPETÊNCIA COMUNICATIVA

Preservação das faces	Durante todo o processo da conversação, a vendedora teve o cuidado de não invadir o território do seu interlocutor. A construção de suas frases permitia responder às objeções do cliente, sem agressão e com convicção. Em nenhum momento foi de encontro aos seus interesses e aos do cliente; ao contrário, persistiu muito na venda dos seus produtos e ideias, mas dava ao cliente o poder de decisão. Ela soube valorizar o cliente utilizando os estilos Empatia e Argumentação com maior predominância e, quando necessário, foi envolvente e firme em suas posições. Essa flexibilidade possibilita a preservação das faces dos dois coenunciadores e cria um clima de cooperação.
Pertinência	O cliente mostrou-se flexível para ouvir e prontamente acolheu a vendedora, dando pertinência à sua visita. Inicialmente, o cliente resistiu às informações da vendedora, pois, no contexto do seu restaurante, um molho pronto não fazia sentido. Por meio de perguntas investigativas e esclarecedoras, a vendedora foi detectando a pertinência de sua fala, adequando-a aos interesses do cliente. Com esse conhecimento, ela conseguiu construir a argumentação da sobremesa, algo já descartado pelo cliente, por causa dos prejuízos anteriormente causados. A partir desse momento, a presença da vendedora fez sentido ao cliente, pois o argumento constituiu-se em uma informação nova, que atendia a um seu interesse.

O mercado globalizado gera interdependência entre as pessoas e, quanto mais uns dependem dos outros, maior a possibilidade de aparecerem os conflitos. Assim, vamos ter de negociar muito daqui para frente.

10

PRONTO PARA PRATICAR TÉCNICAS ASSERTIVAS

A mudança, para ser efetiva e duradoura, deve partir de alterações processadas internamente, por meio de um intenso trabalho na busca do autoconhecimento.

Mas, às vezes, alguns ajustes no comportamento são suficientes para a mudança interna. Por isso, fiquei estimulada a descrever uma série de situações e dicas assertivas para a sua autoafirmação como emissor e receptor, nas relações interpessoais do cotidiano. Existem outras formas de resolvê-las. Portanto, enxergue-as como mais uma alternativa.

1. Lidar com a passividade do funcionário

Se vale a pena investir, promova o encorajamento gradativo. Estimule a autoafirmação da pessoa, ajudando-a a usar seus direitos de assertivo. Faça com que ela se sinta não ameaçada.

Passivo: Bom dia, D. Berta. Estou com o problema do cliente X para resolver. Eu preciso saber o que devo fazer. A senhora tem um tempo para falar comigo?

Assertivo: Bom dia. Vamos conversar. Mas gostaria de saber sua opinião, antes.

Passivo: Eu não pensei nada ainda. Achei que a senhora gostaria de resolver.

Assertivo: Verifique as melhores maneiras de resolver o problema, em seguida venha discuti-las comigo, juntos decidiremos.

2. Lidar com a agressividade de um cliente

Situação – Você é vendedor de uma grande empresa de produtos alimentícios. Você está em plena negociação com um comprador de uma também grande rede de supermercados.

É difícil negociar com esse comprador, pois sua postura é ganha-perde, ou seja, ele quer ganhar todas e acha que o vendedor sempre está lhe roubando. Você já lhe deu os 8% de desconto, que você pensa que é justo para esse cliente, e ele diz asperamente:

Cliente – Quando vocês não tinham concorrentes, sua empresa fez o que quis no mercado, agora que somos fortes e vocês precisam de nós para colocar seu produtos ao consumidor, têm de fazer o que nós queremos.

Eu só vou comprar seu produto com desconto de 10%, para pagamento em 60 dias, que cá entre nós, já não é o melhor do mercado. Faço isso só para ajudar você atingir sua cota.

Vendedor – Olha calmamente para o comprador e, com voz bem firme, diz: Senhor José, o senhor é um grande cliente e entendo os seus sentimentos. Mas neste caso específico, conforme o acordo que fizemos anteriormente, torna-se impossível dar o desconto desejado nas atuais condições. Vamos pensar em outra alternativa de negócio que viabilize o desconto de 10%.

3. Mudar o rumo da conversa

Eu – Olá, o que você tem feito?
Você – Bem... Eu tenho estudado todo o tempo.
Eu – Ah, esse ano eu tirei férias do estudo. Mas o que está estudando?
Você – Estou terminando o curso de psicologia.

Nesse ponto, eu quero mudar o assunto. Posso fazer de diversas maneiras. Veja dois exemplos:

Dar uma informação de si que mude o assunto
Eu – Muito interessante! Eu fiz o curso de direito e agora estou no escritório de um advogado. Mas pretendo ir para uma empresa maior. E você, continua trabalhando naquela agência de empregos?

Dizer diretamente que quer saber mais sobre tal assunto
Eu – Muito interessante! Mas eu gostaria de saber se você ainda está trabalhando naquela agência de empregos.

4. Terminar uma conversa

- A conversa está muito interessante, mas vou ter que desligar...
- Gostei muito de falar com você, mas agora preciso interromper...
- Sua conversa está agradável, mas estou um pouco desatenta porque estou preocupada com a reunião de que participarei logo em seguida. Que tal falarmos à noite? Aí poderei escutá-la melhor, pois é um assunto que me interessa.

Outras soluções podem ser usadas para desestimular a continuidade da conversa:

— Diminuir a "abertura", parar de falar sobre si mesmo.
— Diminuir o número de perguntas.

— Diminuir o contato visual e aumentar a distância física da outra pessoa.

5. Evitar interrupções

Você – Você tem um minutinho?
Eu – Agora não posso interromper meu trabalho. Podemos falar mais tarde?
Você – Claro.
Eu – Que tal das 15 às 16 horas?

6. Quando a interrupção é inevitável

Você – Preciso falar com você sobre meu projeto. É urgente.
Eu – Estou com pouco tempo. Pode ser à tarde?
Você – É urgente, tem que ser agora.
Eu – Olhe, tenho somente 15 minutos. Você acredita que seja suficiente?
Você – Acredito que sim.

Quinze minutos não foram suficientes. Eu interrompo a conversa dizendo:

Eu – Não posso falar mais com você, pois tenho que terminar meu relatório. Processe as alterações que já discutimos e voltaremos a falar às 14 horas, por mais 15 minutos. Ok?

7. Promover abertura

Se quer obter informações da outra pessoa, será mais fácil se você, primeiro, fornecer informações sobre si próprio.

A abertura é determinante para nutrir um relacionamento e desenvolver um clima de confiança. Abertura é dar informações sobre si, fazendo-se ser conhecido pelo outro, buscando pontos de identificação com o outro.

Eu – Olá, estou vendo que você está lendo um livro sobre as emoções na venda. Você trabalha na área de vendas?

Você – Não diretamente. Faço palestras para a área de vendas das empresas.

Eu – Nossa, que coincidência, também dou palestras. Minha especialidade é motivação de equipe. Tenho ido bastante para o Norte fazer minhas palestras e normalmente pego o voo da noite. E você também vai trabalhar no Acre, nesta semana?

8. Manter firmeza de posição (disco quebrado)

Eu – Preciso saber quando você me entrega a gravação do CD.

Você – Ah, tem muito tempo pela frente.

Eu – Mas eu quero programar meu tempo. É importante ter essa data.

Você – Nem comecei a trabalhar no CD. Não posso dar-lhe uma data.

Eu – Eu entendo que você tenha bastante tempo. Mesmo assim, preciso programar o meu tempo.

Você – Preciso falar com o locutor antes de tudo.

Eu – Então, vamos ligar agora para ele e marcar uma reunião, para elaborarmos juntos um cronograma.

Outro exemplo. Toca o telefone:

Você – Bom dia, quero falar com você sobre o melhor creme de limpeza.

Eu – Obrigado, mas não desejo comprar nada no momento.

Você – Mas tenho o melhor produto de limpeza de pele.

Eu – Não duvido de você, mas não tenho interesse em creme de limpeza.

Você – Tenho outros produtos, perfume, xampu...

Eu – Muito obrigado, mas não quero comprar nada no momento. Com licença, senhor. Um bom dia.

9. Desarmar a raiva do outro (técnica de autoproteção)

Cena: marido e mulher

Mulher – (gritando) Gil, isso é um absurdo. Você me deixou plantada na rua, esperando duas horas, e não apareceu.

Marido – (calmo) Eu entendo que você esteja nervosa. Mas se acalme e vamos conversar.

Mulher – (gritando) Você não entende nada. E ainda quer conversar?

Marido – (calmo) Eu me sinto mal quando você grita assim. Eu quero falar com você. Mas só se parar de gritar.

Mulher – E se eu não parar de gritar?

Marido – Então, é melhor conversarmos mais tarde, quando você estiver calma. Você prefere falar agora sobre o ocorrido?

10. Graduar o seu poder de afirmação

Às vezes, você faz um pedido em forma de pergunta, usando um estilo persuasivo, iniciando-a com a palavra "**Por favor**" e, mesmo assim, não consegue obter os resultados. Nesse caso, você deverá aumentar seu poder assertivo. Como?

1º Repetindo a afirmação, o famoso disco quebrado.

Exemplo: Eu proponho sairmos todos à rua para pesquisar o nível de aceitação de nosso produto. Se não der certo:

2º Transforme a pergunta em afirmação, usando a palavra "Por favor" no início da frase.

Exemplo: Por favor, diga-me o que acha da minha proposta de sairmos todos à rua para pesquisar o nível de aceitação do nosso produto. Se não conseguir resultado:

3º **Acrescente emoção na sua fala assertiva e expresse seus sentimentos do momento, usando a técnica do Eu-Afirmação.**

Exemplo: Eu já estou me irritando. Dê-me uma resposta objetiva sobre minha proposta.

Porém, se, nem assim, você tiver sucesso:

4º **Acrescente as consequências do fato de o outro não estar levando você a sério.**

Exemplo: Realmente estou irritado. A situação está me obrigando a tomar providências. Caso você não leve a sério a minha proposta, terei que levá-la adiante, com a ajuda de outras pessoas do seu setor.

11. Ignorar seletivamente

Por meio desta técnica, a pessoa procura extinguir certas respostas do outro, não as reforçando: não responde às interações injustas ou abusivas, mas responde às afirmações não destrutivas ou justas. Por meio desta atenção e resposta seletivas, não se garante a modificação do comportamento da outra pessoa, embora isso seja altamente provável, dado que esta vê as suas afirmações inadequadas confrontadas com o silêncio.

Conversa telefônica entre mãe e filha

Mãe – Olá, filha, como estás?

Filha – Ah, olá, mãe, estou ótima. E a senhora, como está?

Mãe – Não estou nada bem!

Filha – Por quê? O que está acontecendo?

Mãe – Desde que você mudou de casa, não me telefonou. Parece que você não tem mais tempo para seus pais!

Filha – Gosto muito de vocês, mas tenho trabalhado muito e à noite vou para a faculdade. Além disso, meu dinheiro é suficiente para lhe telefonar apenas uma vez por semana.

Mãe – Você não acha que seus pais merecem ser mais lembrados?

Filha – Mãe, não me agrada nem um pouco continuar esse tipo de conversa. Sinto-me criticada injustamente e essa nossa conversa vai terminar em discussão. Como está papai?

Mãe – Só critico você para seu bem. Uma mãe só quer o bem da filha.

Mãe – Você continua namorando aquele rapaz, o Marcos?

Filha – (silêncio)

Mãe – Você não ouviu? Perguntei se você continua namorando o Marcos?

Filha – (silêncio)

Mãe – Você está na linha?

Filha – Sim, mãe, ainda estou.

Mãe – Então, porque não me respondes?

Filha – Eu já falei que não gosto de ser criticada.

Mãe – Bem, se não responde ao que eu pergunto, de que vamos falar?

Filha – Quer saber sobre minha promoção?

Mãe – Então, você foi promovida??? Conta como foi.

12. Separar as mensagens

Às vezes, durante uma conversa, seu interlocutor emite várias mensagens simultâneas, misturando-se as intenções da comunicação. Normalmente trazem um sentido de chantagem emocional, na tentativa de fazer você se sentir culpado. Você pode se sentir confuso, ansioso ou culpado, a menos que distinga essas mensagens ou assuntos e as resolva separadamente.

Amigo 1 – Você quer ir ao teatro conosco?

Amigo 2 – Não posso, estou com uma outra prioridade.

Amigo 1 – Eu pago seu ingresso!

Amigo 2 – Eu realmente não posso ir.

Amigo 1 – Você não gosta mais de sair comigo?

Amigo 2 – O problema não é esse. Gosto de sair com você, mas hoje não é possível.

O amigo 2 usou três técnicas assertivas para dizer não:
- Disco quebrado.
- Separar as questões (amizade e sua vontade).
- Não foi fisgado pelas chantagens emocionais do amigo.

13. Pedir desculpas

Pedir desculpas valida os sentimentos dos outros e informa de que a pessoa está consciente do erro que cometeu. Pedir desculpas deve envolver estratégias de separação de assuntos e de desarmar a ira, de forma a que a pessoa não coloque em questão o seu valor pessoal e o seu direito de errar.

Conversa entre marido e mulher

Marido – Você parece triste, o que aconteceu?

Mulher – Estou chateada com a sua permanente falta de interesse por mim.

Marido – Quando você passou a pensar assim?

Mulher – Nos últimos tempos, você tem ido aos seus compromissos sozinho e não tem me incluído.

Marido – Desculpe, não tinha percebido que você se sentia excluída. Não foi intencional. Na verdade, tenho percebido que você anda muito atarefada.

14. Receber uma reclamação justa em tom de crítica

Quando alguém faz uma afirmação generalizada, julgadora e exagerada, adote a técnica da pergunta clarificadora, de forma a focar o problema, dando-lhe a dimensão que merece.

Colega 1 – Você está me causando muito problema com seus constantes atrasos. Não terei condições de entregar meu relatório em dia.
Colega 2 – Durante nosso projeto, atrasei três vezes. Em que esse atraso atrapalhou seu trabalho? Como posso ajudá-la para recompensá-la?

15. Quando o confronto é inevitável

Existem situações de conflito em que você conclui que é inevitável o confronto. Por exemplo, quando um funcionário tem um comportamento inaceitável em sua área de trabalho e é preciso modificar esse comportamento para manter um clima saudável na equipe.

O pré-requisito para um confronto sadio é identificar claramente o problema para não haver desvios de rota. Na identificação do problema, é preciso especificar exatamente qual é o comportamento inaceitável. Assim, você evita a generalização, ou seja, fulano é inaceitável. A generalização traz embutido o julgamento de aprovação ou de desaprovação baseado em um rótulo aplicado àquela pessoa.

Tendo definido o comportamento específico, deve-se ir ao confronto usando duas ferramentas:

1ª ferramenta – Use o EU-Afirmação, em seus quatro passos, para expor o problema, o comportamento inaceitável, seus sentimentos e os do grupo, as consequências de tal comportamento e o objetivo a ser atingido.

2ª ferramenta – Use a Escuta Ativa, para ouvir e entender o que realmente o outro está falando. A escuta ativa desmantela as defesas e abre a comunicação.

11

PASSANDO A LIMPO SEUS RELACIONAMENTOS

Sabemos que toda mudança apresenta um custo, mas a motivação intrínseca decorrente do comportamento assertivo provoca uma sensação de autoestima gradativa altamente compensadora. O reforço social aparente que recebemos quando somos gentis e polidos vai sendo substituído pela sensação de autoestima, autorrespeito e consolidando a mudança.

PASSOS PARA TREINAR O COMPORTAMENTO ASSERTIVO

O que fazer para ser assertivo? É preciso desenvolver o autoconhecimento.

1º PASSO

Tire do seu pensamento o mito de que você é responsável pelo sentimento e comportamento do outro, assim como o outro é culpado por seus problemas.

Deixe para trás esta linguagem:

"Eu não posso falar porque vou magoá-la."
"Eu não atinjo as metas porque o mercado está ruim."
"Eu não entreguei no prazo porque dependia das suas informações."
"Eu não tenho tempo para estudar porque fico no trabalho até tarde."
"Eu não consigo implantar os projetos porque fulano/departamentos não colaboram."

Assuma para si um novo paradigma que deverá nortear seu pensamento:

"Você é responsável pelo que você faz e fala, porque suas palavras e ações estimulam os outros a sentirem certas emoções, positivas ou negativas."

Passe a pensar e usar expressões proativas e produtivas:

"Penso que não devo falar agora, porque ela não terá estrutura emocional para aguentar sozinha."
"O que tenho feito para provocar os problemas que tenho vivido, e o que tenho que mudar para resolvê-los."

"Quais as estratégias que tenho adotado para conquistar o mercado e o que tenho que mudar."
"O que devo fazer para não mais provocar a resistência do outro aos meus projetos."

Feito isso, você está preparado para seguir adiante, pois só sendo responsável por si mesmo é que terá condições de promover mudanças internas em seu eu.

2º PASSO

Observe seu próprio comportamento.

Você tem sido assertivo? Está satisfeito com sua atuação nas relações interpessoais? Faça um mapeamento de seus relacionamentos e analise como você se comporta com cada pessoa.

MAPEANDO MEUS RELACIONAMENTOS

(adaptado do livro *Asserting your-self*)

Nosso autoconceito é muitas vezes revelado pelo modo como nos comparamos com outra pessoa significante em nossa vida. Quais pessoas na sua vida são mais importantes para você? Qual é a menos importante? Como você influencia o outro em cada relacionamento?

O exercício a seguir fornece a você uma oportunidade para explorar, pensar a respeito e tentar clarificar as posições relativas de poder e importância que você possui em cada um de seus relacionamentos, com esposa, marido, parentes, amigos, colegas, chefe etc.

As questões são deliberadamente vagas, porque a preocupação é como você vê os seus relacionamentos. Não há respostas certas ou erradas; você está simplesmente descrevendo como percebe e sente-se a respeito de suas relações.

1. Leia primeiro as instruções e depois mapeie seus relacionamentos desenhando e classificando os círculos que representem as pessoas, para mostrar como você vê a si mesmo em relação a pessoas importantes em sua vida. Observe as seguintes regras ao desenhar seus círculos:

Tamanho:
- Círculo grande ➤ você considera a pessoa mais importante do que você.
- Círculo pequeno ➤ você considera a pessoa menos importante do que você.
- Mesmo tamanho ➤ você considera a pessoa de igual importância em relação a você.

Posição:
- Círculo colocado acima de você = você considera que a pessoa possui uma posição dominante, superior à sua.
- Círculo abaixo de você = a pessoa possui uma posição subordinada à sua.
- Círculo no mesmo plano = a outra pessoa possui uma posição igual à sua.

Distância:
- Círculo longe de você = você considera o relacionamento distante com aquela pessoa.
- Círculo perto de você = é um relacionamento amigável.
- Círculo sobreposto ao seu = relacionamento cordial e íntimo.

Desenhe seus círculos aqui (identifique o nome da pessoa desenhada).

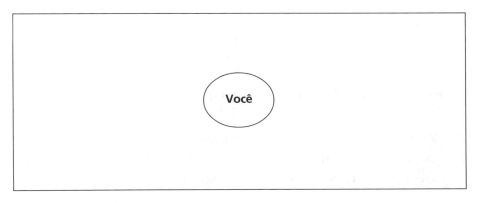

Agora, volte e faça sua pintura de relações sociais. Siga as instruções.

A. Para aquelas pessoas com quem você reage passivamente, preencha os círculos com a letra P

B. Para aquelas pessoas com as quais age agressivamente, preencha assim:

C. Para aquelas pessoas com as quais você reage assertivamente, preencha assim:

D. Com as pessoas que você reage ora agressivamente ora passivamente, preencha assim:

Faça outras combinações possíveis e preencha os círculos.

2. Retorne à sua constelação de círculos e preencha cada círculo com qualquer mistura de modelos de comportamentos que é manifestada em suas interações com aquela pessoa.

3. Finalmente, olhe sua constelação representando o seu presente relacionamento interpessoal e responda:

- Quais são os comportamentos assertivos que ajudam você a obter um sentimento de equilíbrio com essas pessoas?
- Quais círculos você gostaria de modificar em tamanho, posição, distância? O que seria uma perfeita constelação de círculos? Monte, abaixo, sua constelação perfeita.

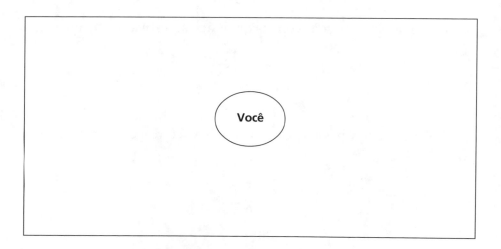

3º PASSO

Pense em sua relação com cada uma das pessoas mapeadas, confrontando-a com os direitos do assertivo. O tamanho, a posição e a distância do círculo explicam seus sentimentos em relação àquela pessoa. Verifique como estão seus sentimentos com relação a cada uma delas. Preencha, para cada pessoa mapeada, a planilha a seguir, com dados que lhe informem como você lida com esses direitos, quando se relaciona com ela. Para fazer essa análise, procure se lembrar de situações com essa pessoa, que lhe causaram conforto ou desconforto.

SEUS DIREITOS	(Nome da pessoa)
1º – Tomar as próprias decisões	
2º – Não justificar seu comportamento	
3º – Não ser responsável pela solução dos problemas dos outros	
4º – Mudar de opinião	
5º – Cometer enganos e ser responsável por eles	
6º – Dizer "Não sei"	
7º – Ser independente da boa vontade dos outros	
8º – Dizer "Não compreendo"	
9º – Dizer "Não me importo"	
10º – Ser ouvido e levado a sério	
11º – Reconhecer e aceitar os direitos do outro	

Ao analisar o uso dos direitos do assertivo, você estará conversando com sua voz interna. Ela estará lhe dizendo qual é o conteúdo do seu programa mental (conteúdo formado pelas suas experiências de vida) e por que você nutre determinados sentimentos por cada pessoa. Assim, você poderá entender por que, em determinadas situações, você reage de forma passiva e agressiva. Depois da análise, responda: **Qual é o meu desconforto. Com quem. O que pretendo fazer.**

NOME DA PESSOA	QUAL É O MEU DESCONFORTO	O QUE PRETENDO FAZER
1.		
2.		
3.		
4.		
5.		

4º PASSO

Escolha uma das pessoas relacionadas e concentre-se numa situação determinada, na qual eventualmente você não tem sido assertivo e faça o seguinte:

A) Considere respostas alternativas. Identifique o que seria passivo, agressivo e assertivo naquela situação. Reveja sua linguagem. Lembre-se, se você construir frases de acusação e julgamento do outro, estará fadado a criar conflitos desnecessários. A fala deve vir acompanhada de um tom de voz e uma postura corporal assertivos.

B) Observe um modelo eficaz. É muito útil observar alguém que saiba lidar satisfatoriamente com aquela situação.

C) Imagine-se lidando com a situação; "treine" mentalmente a resposta assertiva. Treine na frente do espelho.

D) Coloque-a em prática e obtenha feedback. Observe particularmente a força da sua atuação e o impacto dela no outro.

5º PASSO

Pratique a comunicação assertiva sem desistir e resista o quanto puder às manipulações emocionais. E quando for passivo ou agressivo olhar para o resultado, entender suas razões e fazer as escolhas que considerar mais adequadas para sua vida.

PLANO DE AUTODESENVOLVIMENTO

Faça uma nova programação mental dos pontos que estão inadequados.

1. Reveja as reflexões feitas em todos os capítulos, os feedbacks recebidos dos instrumentos de autodiagnóstico que você preencheu. Identifique todos os seus aspectos não coerentes com a filosofia assertiva e transcreva-os abaixo:

_____
_____
_____
_____
_____

2. Escolha três aspectos que você deseja mudar em si mesmo. Escreva novas afirmações que neutralizarão os comportamentos. As afirmações devem ser simples e positivas. Nesta proposta de mudança, você deve dar a si permissão para fazer coisas, assumir compromissos e fazer afirmações a seu respeito. É importante que seu subconsciente acredite nestas afirmações.

1ª) _____
_____

2ª) _____
_____

3ª) _____
_____

3. A nova programação psicológica deve ser praticada várias vezes, até ser incorporada pelo subconsciente e tornar-se um hábito (comportamento automático).

- Leia as afirmações pelo menos durante 30 dias, de preferência à noite, antes de dormir.
- Pratique conscientemente as novas afirmações. Gradativamente, você vai perceber que novos pensamentos e novos sentimentos estarão direcionando seus novos comportamentos.

REAÇÕES À ASSERTIVIDADE

Quando você agir assertivamente em situações nas quais normalmente seria agressivo ou passivo, poderá desencadear reações inesperadas nas pessoas, pois elas não estão acostumadas com esse novo comportamento e ficam desconfiadas quanto às suas reais intenções.

Suas asserções, portanto, podem despertar reações do tipo: zanga, hostilidade, mágoa, chantagem emocional, choro, lamento, manipulação dos seus sentimentos, doenças (dor de cabeça, de estômago, desmaios), pedidos de desculpas com grau de humildade excessiva e vinganças camufladas.

Se você se impressionar com essas reações e voltar atrás, suas asserções perderão completamente a credibilidade. Além disso, você reforçará a reação negativa do outro. Na próxima vez, suas asserções serão recebidas com agressividade mais intensa.

Mas você pode concluir que, em uma determinada situação, é melhor escolher a não asserção. A ESCOLHA é a palavra-chave do processo assertivo.

Quando a outra pessoa é muito sensível, você deve pesar as palavras e a forma como devem ser usadas.

Se o custo é maior do que o benefício, escolha não ser assertivo.

Seja compreensivo e escolha não ser assertivo quando perceber que o outro está em uma situação difícil e adversa.

Pode acontecer de alguém ultrapassar seus direitos e pedir desculpas em seguida. Se você percebeu sinceridade, é o suficiente, não havendo necessidade de asserções.

Às vezes, dada a insistência do outro na tentativa de prejudicá-lo, você terá de enfrentá-lo, pondo as cartas na mesa, com extrema firmeza, porém sem violência e agressão. Assim, você resolverá o problema definitivamente.

E se você estiver errado?
Lembre-se de seu direito de pedir desculpas.

O exercício indiscriminado da assertividade pode se transformar num processo exibicionista e até agressivo, quando não se considera a outra parte da relação.

COMUNICAR-SE ASSERTIVAMENTE É DIZER

a coisa certa
da forma certa
na hora certa
no local certo
para a pessoa certa.

Trabalhando voltado à assertividade, você estará fazendo uma grande negociação para trazer seus presentes relacionamentos ao ideal desejado.

BIBLIOGRAFIA

Abreu, Antonio Suárez. *A arte de argumentar*: gerenciando razão e emoção. São Paulo: Ateliê Editorial, 2001.

Amado, Gilles. *La dynamique des communications dans les groupes*. Paris: Armand Colin, Collection "U", 3rd translation in Spanish and Portuguese, 1987.

Aristóteles. *Arte retórica e arte poética*. 16 ed. Rio de janeiro: Ediouro Publicações, 2002. Série Clássicos de Bolso.

Bower, Sharon Antony e Bower, Gordon H. *Asserting yourself: a practical guide for change*. USA: Addison-Wesley Publishing Company, 1991.

Chaignet, A. Ed. *La rhétorique et son histôire*. Paris: E. Bouillon & E. Vieweg, 1888.

Dimitrius, Jo-Ellan e Mazzarella, Mark. *Decifrar pessoas:como entender e prever o comportamento humano*. São Paulo: Alegro, 2000.

Duska, Ronald e Whelan, Mariellen. *Desenvolvimento moral na idade evolutiva*: um guia a Piaget e Kohlberg. Rio de Janeiro: Loyola, 1994.

Etzioni, Amitai. *The moral dimension*: toward a new economics. Nova York: Free Press, 1988.

Fonseca, Isis Borges B. *Retórica das paixões*: Aristóteles. Prefácio de Michel Meyer. Introdução, notas e tradução do grego. São Paulo: Martins Fontes, 2000. Clássicos.

Fustier, Michel. *O conflito na empresa*. São Paulo: Martins Fontes, 1982.

Gibb, J. R. "Defense level and influence potential in small groups", in L. Petrullo e B. M. Bass (Ed.). *Leadership and interpersonal behavior*. Nova York: Holt, Rinehart and Winston, 1961. p. 66-81.

Gottlieb, Liana. *Mafalda vai à escola*: a comunicação dialógica de Buber e Moreno na educação, nas tiras de Quino. São Paulo: Iglu – Núcleo de Comunicação e Educação : CCA/ECA - USP, 1996.

Gronberck, Bruce E. et al. *Principles of speech communication*. 12 ed. Nova York: Harper Collins, 1995.

Handy, Charles. *Por dentro da organização:* grandes ideias para executivos. São Paulo: Saraiva, 1993.

Jampolsky, Gerald G. *Perdão*: a cura para todos os males. São Paulo: Pensamento/Cultrix, 1999.

Key, Wilson Bryan. *A era da manipulação*. São Paulo: Scritta Editorial, 1993.

Lloyd, Sam R. *Developing positive assertiveness*. s.l. Califórnia: Crisp Publications, Inc., 1995.

Maingueneau, Dominique. *Análise de textos de comunicação*. São Paulo: Cortez, 2002.

Martin, Hans-Peter e Schumann, Harald. *A armadilha da globalização*. São Paulo: Global, 1998.

Merleau-Ponty, Maurice. *Fenomenologia da percepção*. São Paulo: Martins Fontes, 1994.

Mortensen, C. David. *Teoria da comunicação*. São Paulo: Mosaico, 1979.

Perelman, Chaim, Olbrechts-Tyteca, Lucie. *Tratado da argumentação:* a nova retórica. São Paulo: Martins Fontes, 1996.

Reich, Wilhelm. *Escute, Zé-Ninguém!* São Paulo: Martins Fontes, 1998.

Rogers, Carl R. *Um jeito de ser*. São Paulo: Editora Pedagógica e Universitária, 1983.

Schutz, Will. *Profunda simplicidade*: uma nova consciência do eu interior. São Paulo: Ágora, 1989.

Shelton, Nelda e Burton, Sharon. *Assertiveness skills*. Nova York: Business Skills Express Series, 1995.

Smith, Dr. Manuel J. *Quando digo não, me sinto culpado*. Rio de Janeiro: Record, 1975.

Sung, Jung Mo e Silva, Josué Cândido. *Conversando sobre ética e sociedade*. Petrópolis: Vozes, 1999.

Ury, William. *Chegando à paz*. Rio de Janeiro: Campus, 2000.

Viscott, David. *A linguagem dos sentimentos*. São Paulo: Summus, 1982.

Weil, Pierre e Tompakow, Roland. *O corpo fala*. Rio de Janeiro: Vozes, 1998.

CONHEÇA OUTROS LIVROS DA ALTA BOOKS!

Negócios - Nacionais - Comunicação - Guias de Viagem - Interesse Geral - Informática - Idiomas

Todas as imagens são meramente ilustrativas.

SEJA AUTOR DA ALTA BOOKS!

Envie a sua proposta para: autoria@altabooks.com.br

Visite também nosso site e nossas redes sociais para conhecer lançamentos e futuras publicações!

www.altabooks.com.br

/altabooks • /altabooks • /alta_books

ALTA BOOKS
EDITORA

CONHEÇA TAMBÉM "O EMOCIONAL INTELIGENTE" DE VERA MARTINS

Todas as imagens são meramente ilustrativas.

VELOPRINT
GRÁFICA E EDITORA LTDA
Rua Álvaro Seixas, 165
Engenho Novo - Rio de Janeiro
Tels.: (21) 2218-5911 / 4974
E-mail: veloprint.rio@gmail.com